迈向财富自由之路

［新加坡］莫顿·史川奇 著

张雨洁 译

天津出版传媒集团

天津人民出版社

图书在版编目（CIP）数据

迈向财富自由之路 / （新加坡）莫顿·史川奇著；
张雨洁译．-- 天津：天津人民出版社，2019.9
书名原文：Be Financially Free: How to become
salary independent in today's economy
ISBN 978-7-201-15134-2

Ⅰ．①迈… Ⅱ．①莫… ②张… Ⅲ．①企业管理－销
售管理 Ⅳ．① F274

中国版本图书馆 CIP 数据核字（2019）第 162149 号

著作权合同登记号：图字 02-2019-245

迈向财富自由之路
MAI XIANG CAI FU ZI YOU ZHI LU

出　　版	天津人民出版社
出 版 人	刘　庆
地　　址	天津市和平区西康路 35 号康岳大厦
邮政编码	300051
邮购电话	（022）23332469
网　　址	http://www.tjrmcbs.com
电子邮箱	reader@tjrmcbs.com

责任编辑	王昊静
特邀编辑	李　羚
策划编辑	杨莹莹
装帧设计	燚　玖

印　　刷	大厂回族自治县彩虹印刷有限公司
经　　销	新华书店
开　　本	880 毫米 ×1230 毫米　　　　1/32
印　　张	9
字　　数	200 千字
版次印次	2019 年 9 月第 1 版　　2019 年 9 月第 1 次印刷
定　　价	49.80 元

版权所有　侵权必究
图书如出现印装质量问题，请致电联系调换（0316-8863998）

目录
Content ¥

¥ 第六章 债券和财产

¥ 第七章 股份

¥ 第十二章　享受你的财富自由

序言

托妮·莫里森
Toni Morrison

如果你想去阅读一本书，但至今还没有人把它写出来，那么你必须自己去创作它。

几年前，我在新加坡植物园参加了一个关于保护马来亚虎的讲座。举办者是阿什利·赛欧（Ashleigh Seow），他拥有澳大利亚的政治学和经济学的双学士学位，但他已将自己重塑为一名自然学家。在这次活动中，他自称是"公民科学家"。他说，在马来西亚，科学太重要了，但不能把问题都留给科学家去解决，我们普通公民也必须参与其中。

他的话使我联想到我是个自然学家，出版了一些自然学方面的图书。但我对金融和经济也越来越了解。所以，就像阿什利一样，通过另一种方式，我已经重塑了自己。现在我认为自己是一个"公民经济学家"。经济和金融是一个太重要的课题，不能都留给专业人士去研究。

我写这本书有两个原因。一个原因是，与我的朋友以及公众分享我在金融方面的经验，并对你说：你也可以做到！你可以让自己自由——摆脱消费和经济烦恼，自由地去做你真正想做的事情。但这一切不会自动发生。你必须懂得如何去做，并正确地使用你所掌握的工具。在这本书中，我会告诉你如何做到这一点。你想优先使用哪种工具，由你决定。

还有一个原因就是：我想分享我对当前经济形势的见解。我在经济和社会事务方面的经验可以追溯到大约50年前——实际上，我还清楚地记得1973年的石油危机和1987年的股市崩盘。

这些事件的价值不亚于在商业课程教科书中学习的内容（我在其中也放了一些相关内容）。再加上我对自然资源和环境的兴趣，我得出了这样的结论：现在的经济情况并非如人们想象的那样。

我们已经达到一些极限，这就是为什么我在本书第十章中，以最长的篇幅讲述这些制约因素的原因。这些限制直接影响到你获得和保持财富自由的能力。我觉得我必须和别人分享这些材料。令人惊讶的是，主流金融分析师和政治决策者一直将这些因素排除在外。事实就摆在我们面前，但大多数人都选择了视而不见。请抓紧时间，认真研究第十章和第十一章。有了这些全新的见解，你将在财务上定位自己且获得自由，摆脱消费和经济上的烦忧。

本书的货币单位以美元为主，但在提到新加坡的时候，我会用新元来明确说明，目前1美元大约为1.40新元。我没有引证我所做的每一个陈述；这不是学术性工作，我写的内容大多都很容易在互联网上搜索到。对于某些可能存在争议的断言，我引用了其原始出处。我没有列出提到的每一个人或每一本书，以免把材料弄乱，但我已解释了他们是谁以及他们当中的大多数人从事的工作等，你可以凭个人喜好，继续寻找更详细的资料。

在本书印刷之前，我向一些人展示了手稿，以获得他们的反馈意见——对此，我向所有人表示感谢，特别是麦嘉华博士，他允许我在书中使用他的评论。

在电视节目《神话终结者》（Mythbusters）中，有两名来自北加利福尼亚州的男子测试了公众提出的各种神话的有效性。这些神话要么破灭，要么似是而非，要么得到证实。

以下是我们经常听到的一些经济神话。

· 你可以通过金融期货交易赚钱。

· 更高的 GDP 对每个人都有好处。

· 人口增长对社会是积极的。

· 电动汽车对环境有好处。

· 我们将很快恢复经济增长。

主流经济学家和金融评论员不断重复以上这些言论。但我会打破这些神话。有时只有局外人，比如一个公民经济学家，才能看清事情的真相。我会告诉你，金融期货和期权交易是一场零和游戏，能赚到钱的一定只有交易平台提供商；较高的 GDP 有时是糟糕的；人口的增加扼杀了发展；电动车对环境有害；最重要的是，经济增长不可能永远持续下去。

但有一个神话，我将证实：你可以让你的钱增长——如果你投资由诚实勤奋的人创立的一家好公司，其产品或服务在市场上具有强大的竞争力，颇受消费者青睐和推崇，那么你投入其中的资金就会不断增值。同时保持理性消费，你很快就会实现财富自由了。我会教你如何到达这个目标。

祝你好运！

莫顿·史川奇

新加坡

2016 年 4 月

第一章 30岁退休

莫里斯 · 桑达克
Maurice Sendak

→ 拥有一切并非人生的全部。

一个幸运的转折

25岁的时候，我住在苏格兰的阿伯丁。这座城市里保留着许多百年以上的花岗岩建筑，因此它又被称为花岗岩城（Granite City）。当地人说话的口音很有趣，态度也很亲切，我很喜欢那里。我在牙买加街买了一套小公寓。它位于顶层，靠近外墙处的屋顶是倾斜的。

那是在1978年。平时，我在北海的石油钻井平台上工作。在工作间隙，还要在办公室和车间里为下一次离岸任务做准备，并参加关于如何使用新设备的培训。我们收集并分析勘探井和生产井的井下数据。每次任务通常都要去一个新的地方，所以我经常出差，在那段时间里我遇到了很多不同的人。

有一次，我在一个钻井平台上和一个比我大几岁的美国人聊天。他说他刚刚办理了离婚手续，并打算再次结婚。我试着安慰他说："人们总说第二次婚姻会更好。"他说："别相信那种话——刚刚离婚的就是我第二任妻子。"他还打算在30岁之前退休。我觉得这个计划听起来很酷。当时我觉得自己的工作不错，而且也没有更好的事情可以做，但那个想法一直盘旋在我的脑海里：在30岁的时候实现财富自由。

两年后，我辞去了英国的工作，准备去海外。我攒了一些钱，参加了一个石油钻井和完井方面的培训课程。我想去看看这个世界。

当时中东有很多工作机会，但在这里，周围除了沙子什么都没有。住在封闭营地的外国人，下班后无处可去，我对这种生活毫无兴趣。

我当时的妻子劝我去新加坡找份工作，她听说那里是人间天堂。我不确定新加坡在哪里——我把它和中国的香港与上海搞混了。当时我们还没有安装谷歌地球的智能手机。

有时候，你只是缺少一个好的机遇。如果你继续努力，不断寻找，机会就会来到你身边。沃伦·法利从英国的核心实验室有限公司办公室雇用了我，因此，我永远都会感激他。1980年10月的一个晚上，我在巴耶利峇（Paya Lebar）登陆，发现了一个充满前景和可能性的国家，它拥有世界上最美丽、最多样的自然世界。

很遗憾，我没能在30岁时退休。但在数年后的1986年，我选择了从石油行业退休。那时我33岁，钻井平台上的生活，对我失去了吸引力。我也试着做了一段时间的中层管理者，后来发现自己不再相信这份工作的意义了，我对石油工作失去了热情。如果你对一份工作失去了热情，就不要去做了，真没这个必要。从那之后，我还做过很多工作，但再未步入工业界。

但那毕竟是几十年前的事了，现在你还可能在30岁或33岁时退休吗？你可以！当然，我所说的不是那些建立了一家互联网公司并以数百万美元的价格把它卖给谷歌，然后买一张票去国际空间站的年轻人。这些为数不多的头版新闻，不足以成为典型案例。我们其他人必须努力地做这件事：为他人工作，量入为出，明智投资。

我并不是世界上唯一一个能够提前过上退休生活的人。我认识的很多人都是在他们职业生涯的早期就提前退休了。或者他们改变方向，找到了一条新的更充实的道路。正如我们稍后将看到的那样，由于一些宏观经济的原因，30年前这样做可能更容易。当时利率较高，税率较低。现在，你仍然可以——如果你下定决心去做的话，那么最糟糕的情况，也不过如琼尼·派查克（Johnny Paycheck）所唱的那样："接受这份工作，接着把它干下去吧。"

财富自由的关键所在

要想获得财富自由，实现提前退休，你需要做到如下三点：

（1）赚钱；

（2）花的钱比挣的钱少些；

（3）把余额存起来并让它增值。

赚更多的财富

在此，我不会过多讨论第1点。大多数人在生活中都会意识到，他们必须有一份很好的收入。事实上，努力学习，争取进入最好的学校，寻找能赚大钱的工作，对大多数人来说，是一件很自然，也很重要的事情。

但我认为，更为重要的是如何管理赚到的钱。这一点是显而易见的，但令人惊讶的是，很多人在这个阶段犯了错误。

那是因为，即使你赚了几百万，花起钱来却不加节制，结果也会像那些发了大财，过着奢侈的生活……最后却破产的人。

事实上，我认识的许多提前退休的人，在他们的职业生涯中甚至没赚很多钱。我从来没有领过很高的薪水。

当我开始在阿伯丁工作时，我只是一名电缆助理和实习工程师，尽管我有两年在北海的海上油田工作，在那里我赚的钱更多。我喜欢在苏格兰的工作，因为我开始使用最新的技术，而且美国同事教会了我们他们所知道的一切。

这份工作是按周计酬的，一个星期五下午，我的老板埃迪·兰金（Eddie Rankin）问我这周是否拿到了工资。

我说没有，因为我们前台的会计已经回家了。于是埃迪问我工资是多少钱，我说："每周80英镑，税后大约60英镑。"

于是他从口袋里拿出一沓钞票，给了我60英镑。是的，没错。我们老板用他的零用钱支付了我们的工资！

没错，你的收入很重要。当然你应该尝试将它最大化，如果你做得好，它将帮助你更快地实现财富自由。

我在年轻的时候，通过售卖鸟类的照片，赚取外快。我还撰写了几本关于鸟类的书籍，公共借阅权制度带给了我相当可观的收入。所以，无论我走到哪里，我都会拍照并为《旅游和自然》杂志撰写文章。

当我开始在油田工作时，我拍摄了钻井平台和工作场景的照片，并将其卖给了报社和图书出版商。

这只是一个例子——显然，如今你不太可能通过销售照片来赚钱。每个人都有自己的相机，一般来说照片不再具有商业价值。但现在还有其他机会。

随着新技术的发展，在破坏一种旧有的商业模式的同时，也会催生许多新的商业模式。

如今，通过互联网，你在家就可以赚外快，无论是写作、设计、网络开发、在线辅导、数据录入还是社交媒体营销。还有写博客和产品体验，以及出色地玩视频游戏——这种赚钱方式，对过去而言，简直是无法想象的。

所以，现在有很多方法可以提高你的收入。如果你为别人工作，你可以加班或者自愿在圣诞节和新年加班加点。还可以做些兼职。清理闲余物品，把不需要的东西放在网上卖掉。

别输给了推销员的花言巧语

利用上述方法，可以赚到一些钱。但正如我所强调的那样，这还不是财富自由的关键。关键是花的钱要比你赚的钱少。

但这并不容易做到。每天都会有销售人员联系你并向你推销汽车、保险和房产。这些经纪人在学校里学习了各种各样的技巧，来说服你们这些所谓的"潜在客户"购买那些并不真正想要或需要的东西。整个行业都在教销售人员如何对顾客甜言蜜语，以便"促成销售"。

广告无处不在。晨报、智能手机、网络、广播、电视上的广告时时刻刻都在引诱你：买买买！广告有用吗？当然有用，否则公司就不会这样做。而且政府也不会限制令人反感的产品的广告，如香烟和酒。你可能会争辩说，汽车的广告也应该被禁止，因为越来越多的汽车制造了道路拥堵、污染，而且每年有124万人死于交通事故。但我们还没有完全做到这一点。

2015年，新加坡金融管理局（MAS）提议，对金融机构和保险公司在购物中心和捷运站等公共场所销售产品的行为加强监管，因为担心销售人员会极力地向毫无戒心的民众推销信用卡和人寿保险计划，而这些民众还没有做好抵御销售压力的准备。虽然政府尽量保护我们免受一些无耻的销售人员的欺骗，但是，如果我们普通民众有足够的金融知识来明辨是非，不是更好吗？

我不想说广告商的是非。我曾与他们中的许多人有过合作；事实上，我自己也做了多年的销售工作。与其他人一样，他们也只是在外努力谋生。他们也是当代经济中非常重要的一部分。我想说的是：别轻易就被广告语中华丽的辞藻所迷惑。其他人想买就买吧，而你应该坚定立场，学会理性消费。不要仅仅因为看到某个公司的产品广告，你就觉得，没买它是个大错误，然后就去买手表、汽车、包包、钻石戒指以及软饮料。相信我，你并不需要它。学会理性消费，用你节省下来的资金购买分红股票，看着你的钱增值，才会确保你实现财富自由。

案例研究

我认识的很多人采取了与我相似的做法——提前退休或者干脆辞职，找到了更有意义和更高回报的事情。最近有一次我和妻子在香格里拉大酒店吃午饭，同桌的人几乎都是这一类人。其中有一位自然摄影师，他和妻子都早已脱离了朝九晚五的生活，做着自己喜欢做的事情，但仍然保持着一个合理的生活水平。丈夫在该地区拍摄野生动物照片，妻子大部分时间和他们的孩子在一起。这位妻子曾在银行上班，她对我说："秘诀就是控制你的开支。"这让我很震撼！

另外一个比这更有说服力的事例，那就是伊恩·尤因的故事吧。伊恩出生于苏格兰，成长于加拿大，毕业于多伦多大学，获得哲学和英国文学学位。1985年，他在新加坡理工学院找到了一份教授媒体技能的工作，作为消遣，他也积极参加新加坡自然协会的活动。他热衷于自然环境问题，尤其喜爱观察鸟类。我在过去自然协会举办的观鸟活动中结识了伊恩；当时他正值壮年，看起来活跃、英俊、谈吐流利。他刚来新加坡时，只背着一件衬衫和需要照顾的四岁儿子泰哈斯——他在印度的婚姻已经破裂了。

伊恩知识渊博，口齿清晰，是一个有干劲、有野心的人。他觉得他的主管在工作中阻碍了他。他的理想可不是仅仅做一名普通老师。

确实如此，早在1991年，伊恩就创办了自己的公司——Ewing Communications Pte Ltd，多来年，他一直致力于培养企业和政府机构的媒体技能、演示技巧和销售技能等。在那段时间里，伊恩工作得非常努力，十年之后他已经成了一位名人。他把自己的公司发展成一个规模庞大的组织，大约有12名员工。他买了自己的办公楼，他和他的工作人员在新加坡和其他一些国家举办讲座和研究讨论会。伊恩在2008年年底接受《星期日泰晤士报》（*The Sunday Times*）采访时表示：他是带着33000新元来新加坡的，通过节省开销、明智投资等一系列行为，他的资金增长到2000万新元。那个时候，他已经实现了财富自由。

2008年，伊恩被诊断出患有癌症。他可以自由地去做他喜欢做的事了。他逐渐减少了自己的工作量，开始环游世界，花时间寻找美丽的野生环境，观赏鸟类和动物。他在儿子的陪伴下去了北极斯瓦尔巴、南极以及其他许多未被人类开发的地方。他最后一次旅行是在

2014年8月前往加拉帕戈斯群岛。当年10月，在与癌症的斗争中，他失败了。在抗癌的过程中，伊恩始终保持着良好的精神状态，他经常对我说，他很庆幸拥有这样的自由——改变自己的生活方式时，不用担心金钱。

所以，如果财富自由的关键是少花钱，那么让我们来看看具体应该如何解决这个问题。

第二章 少花钱

罗伯特·T·清崎
Robert Toru Kiyosaki

重要的不是你挣了多少钱，而是你存下了多少钱。

为什么要少花钱?

我并不是唯一一个奉劝大家量入为出的吝啬顾问,我们人数众多,事实上,有些人对我们已经有些厌倦了。

我曾在电视上看到的喜剧节目中,有一个滑稽的财务顾问拿着他那超大的便携计算器,跑来跑去地大喊:"时间就是金钱!"感觉很好笑。

我承认,控制开销并不容易。和其他人一样,当年我在北海赚了一点钱之后,第一件购买的东西就是一辆欧宝旅行汽车!在休假期间,我开着它去拍摄鸟类,休息时还可以睡在里面。

当我因工作调动搬到苏格兰之后,我又买了一辆福特野马V8,它与我的油田工作形象很相配。当时它是英国市场中唯一一款配备右置方向盘的美国肌肉车。

现在我没有自己的车,虽然我偶尔会开我妻子的丰田普锐斯混合动力车。这正好也说明了时代是如何变迁的!

当然,我可以理解有些年轻人赚多少花多少的生活态度。但不能理解的是有些人，明明钱包里没有钱，还想借钱买一件很酷的东西，真的是花的比赚的多。在此，我奉劝每一个年轻人永远不要这样做。因为这种消费方式，不会让你实现财富自由，只会让你陷入财务困境。

也许你会说，这样节省开销，会剥夺生活中的许多快乐。其实不然，你所做的只不过是延迟满足。目前你被剥夺的这种快乐，在未来，会以更大的奖励回报你。

这是一个需要学习的过程。一个婴儿不懂得怎样延迟满足，感觉饿了，必须马上吃到东西。

你也不能告诉一个2岁的小孩子："我现在要把你的玩具拖拉机拿走，收起来，等到你4岁的时候才可以玩它。"——即使你许诺在他4岁的时候还给他的是两台玩具拖拉机。

但随着年龄的增长，我们学着去管理自己的需求，延迟奖励和享受。这是你必须有意识地努力去做的事情。当你拿到奖金的时候，尽量不要把它花掉，而要把它存入银行。当你有一定的资金时，把它用于投资增值。我见过能够做到这一点的人，同时也遇到了那些做不到的人。根据我的经验，那些愿意攒钱的人，最终能够获得的好东西比不攒钱的人要多得多。

如我所言，我并不是唯一一个敦促大家储蓄而不是消费的好心人。维基·罗宾（Vicki Robin）与乔·多明戈斯（Joe Dominguez）合著的《要钱还是要命》（*Your Money Or Your Life*）一书，详细地阐述了用9个步骤"改变你与金钱的关系"。

斯泰西·约翰逊（Stacy Johnson）也在《生命还是债务》（*LIFE*

OR DEBT）一书中，提供了一个循序渐进的实践计划，以摆脱债务，确保财富自由。

我也根据自己的省钱经验，验证了约翰逊的许多方法，但我发现他的205种省钱方法有点夸张了，而且他的大部分想法，都是我们日常生活中已经在做的事情，比如，讨价还价，让家里的车保持整洁等。因此，我提出一套更为简单的"13种省钱的方法"。

13 种省钱的方法

（1）明智地购物

去超市购物前，列好购物清单，只购买清单上的东西。遇到特别优惠的促销活动时，当然不能错过，但这里我指的是那些可以存储，而且在将来也必须购买的东西。比如说，你常用的那种洗衣粉，今天正好买二赠一，那就买几盒囤起来吧。而那盒正在打折促销的糖果，咱们还是理性些吧。

（2）现在多花钱，以便将来更省钱

一分价钱一分货，便宜的商品并不总是品质更好的。其实从长远来看，优质产品的使用寿命更长，更能节省资金。那只便宜又好看的煎锅看起来还不错，但如果下个月因为特氟龙涂层不见了，你就不得不扔了它，到那时候，我想，你的心情一定很不爽吧。所以，现在花更多的钱，选择那些对你身体健康有利的食品或有机替代品，将来就可以节省住院费了。

（3）购买二手物品

翻新后的旧家具有很多特色。旧东西的再利用对环境也有好处。你通常可以免费得到婴幼儿的衣服和其他东西；当你的孩子长大后，还可以把它们传下去。改变你拒绝使用过世者的东西的观念，使用你父母或祖父母的旧盘子、餐具、手表和珠宝，这正是你应该做的。这些"古董"来自过去，继承并使用它们，也是对先人的尊重和纪念。这辈子尽管我用过好几部手机，但没有一部手机是自己花钱买的。我现在使用的手机是多罗版605型号的手机，丹麦产的，是2012年我母亲去世后，从她的遗产中选出来的。我安装了一张本地sim卡，我很喜欢使用它。

（4）先别着急购买最新上市的科技产品

1999年，我买了最新型号的数码相机，尼康Coolpix990，它有334万像素。如果没记错的话，当时的价格在1700新元左右。3个月后，尼康推出了具有更多功能和存储容量的新型号相机，价格为1400新元！而现在，你只需要花几百块钱，就能购买一台功能更好的数码相机了。

我的妻子和儿子都买了新型号的相机，而我仍然使用这台旧的Coolpix。当前智能产品的更新换代极为快速，像智能手机、智能电视以及智能汽车等，我们完全可以等这些产品稍稍有点过时，在其清仓甩卖时再购买，这样可以节省一大笔钱。

（5）参加免费活动

在新加坡，你完全可以参加在滨海艺术中心的户外剧院、植物园和音乐学院中举办的免费音乐会。还有博物馆定期向某些团体举办的免费开放活动。我们完全没必要为那些可以免费的东西买单。事实上，免费活动的氛围活跃不拘谨，比付费活动更适合参加。

（6）免费获得知识、技能和娱乐

在我小时候，经常有推销员挨家挨户地上门拜访，建议我们订阅各种各样的百科全书。我母亲购买了一些涉及世界动物、艺术、音乐、世界历史等方面的书籍。很快，我家客厅的一半空间被书柜以及这些拥有精美装帧的书所占据。

从那些书中，我学到了很多东西，但它们也占据了我们的很多空间。在我离家很长时间后，我母亲投资了约4万丹麦克朗（约合5 700美元）在《丹麦百科全书》（*Den Store Danske Encyklopædi*）上，这是一部庞大的作品，全书共有24卷，每一卷都配有独立的书柜。当她在2012年过世时，她的大量藏书毫无商业价值，我们把它全都捐献了出去。

现在，这些知识以及更多的东西可以在网上免费获得，并不断更新。现在的年轻人不用为参考书、字典、百科全书买单，可以节省不少的钱和空间。

还可以更进一步，在网上可以找到任何你想学习的免费课程。需要吉他调音器吗？不用花钱买，在YouTube上就可以找到一个免费的。我儿子用他妈妈的iPad mini作为键盘，这样就为我们省下了买钢琴的钱！年轻人还可以在网上找到免费的电影和音乐，虽然我不太确定这是否合法，但却有不少人这样做。

我至今依然保留着20世纪60～70年代购买的一些黑胶唱片，而我的老唱机也依旧能转出令人心情愉悦的歌声。我们偶尔也用DVD机观看一些DVD影片。但我的孩子们再也不会这样做了，他们用不着把所有的钱都花在音乐和电影上了，更用不着把所有的东西都拖到身边。一个小小的U盘就可以容纳下他们的世界了。

（7）不花钱去锻炼

首先申明，我不是说那些花钱去健身俱乐部的行为是愚蠢的。而是说，在你周边条件允许的情况下，完全没必要花这个钱。想一想，你住的公寓或住宅小区肯定有运动的场地；没有的话，就在附近的公园里找一个。

要保持健康，你真的只需要进行两个锻炼，这两个锻炼对你所有的肌肉群和心血管系统都有效果。

①用手臂把自己拉起来（引体向上）。如果你做不到，像长臂猿一样用手臂把自己吊起来，膝盖尽量抬高。

②走上台阶。就这么简单！至于那些高价健身俱乐部里的酷刑机器、复杂的举重和跑步设备，就不要再去想它们了。如果你想登上当地报纸的"Hot Bods"栏目，那你可以考虑一下。对于我们其他人来说，保持体型的最好方法，就是走上你所遇到的任何一个楼梯——在新加坡，有很多这样的楼梯！

（8）一直保持身体健康

这是省钱的最好方法。要知道，我们每个人并非都拥有健康的身体。我认识的一些人，他们看起来苗条健康，又没有吸烟的坏习惯。但他们就是不幸地患上了癌症，又或者有人在某天早上摔了一跤，最后死于心脏骤停。从某种程度上来讲，健康就像一场具有随机性的游戏，但你可以做一些事情来提高得到它的概率。

不要因吸烟、暴饮暴食或过度酗酒而透支自己的健康，那样只会给自己和身边的人带来痛苦。如果你总是维持良好的生活习惯，就不会为那些不良习惯买单了。而且，健康的身体会创造出更多的财富。

（9）不要买保险

我是认真的，买保险对你没有好处。不要购买人寿保险、房屋保险、旅行、综合汽车、健康或任何其他保险。在第九章中，当我们考虑如何平衡你的投资组合并组织你的财务时，我将更详细地讨论这一点。

（10）拒绝赌博

这一条，我知道并不适合每个人。小赌怡情，即使是相当理智的人，也会时不时地买几张4D票，或是赌一场足球赛。当然，这是你的选择。但你也应该知道，对纯粹的赌棍来说，输是大概率事件，我将在后面的第四章中用数字来证明这一点。

在丹麦参军时期，我很喜欢足球。在哥本哈根的一场大型比赛中，丹麦与强大的苏联交手。当时我想在这场比赛中下注，因为我相信丹麦队会给大家带来惊喜，并赢得比赛。而且这些博彩公司给的赔率还是很高的。然而事实上，我并没有下注。最终丹麦队以2比0获胜，但我也没有因为错过赢钱的机会而感到沮丧。事实上，我很高兴自己没有下赌注——奖金对我没有任何影响。

我在军队服役时用业余时间出售照片和文章，更能让我享受挣钱的乐趣。所以对此，我感到非常欣慰，因为我没有赌过，而且从那以后，再也没有起过这个念头。

曾经，我和一个喜欢赌博的同事去过一次赌场，他是一名计算机程序员，非常喜欢数字游戏，尽管他应该知道自己并不能一直稳赢不输。虽然那里给了我一份免费饮料，但我自始至终都没赌。

总的来说，那里给我的感觉就是很不舒服。那应该是我在20世纪70年代，做的一个伟大的决定，决不赌博，不管是为了娱乐，还是有"免费的东西"可享。我劝你也要这样，这对你来说是一种解脱。沉迷于赌博十分危险。当你沉迷于某事时，你就成了它的奴隶。上瘾与自由是对立的。

（11）自己动手

你真的需要那些女佣、园丁或者修理工吗？其实自己修剪草坪或者修理破损的橱柜都是很有趣的事。当然，你得购买一些工具，但它们会跟随你一辈子。

至于女佣，我知道，有些家庭没了女佣就不能生活了。但是这里有8000个家庭雇用两个或更多的女佣，根据人力部的统计数字，2013年新加坡总共有大约214500名女佣。这似乎过分了。

在我的庄园里，我看到停车场的女佣每天早上7点洗车，包括星期日——真的有这个必要吗？你可以每月花5美元洗一次车；或者最好自己来洗车。我们家里有一段时间雇用了一位兼职清洁工，但几年前她辞职了，我们发现，如果自己做清洁的话会更容易、更方便，当然也更便宜。

（12）关掉热水器

即使在寒冷的天气里，洗冷水澡对你的身体也是利的，因为它会提高你身体的抵抗力。我在丹麦的姐姐，多年来一直被流感和鼻窦炎所困扰，直到她发现了冬泳的妙处。

这是一项极端运动，冬泳爱好者们会在海面冰层上凿出一个洞，然后进去游泳。我姐姐就是这样，在寒冷的北欧水域中进行这项运动整整一年时间，现在她感觉棒极了。

而对于那些生活在热带地区的人们来说，热水器更是毫无意义。我们为什么要先泡个热水澡，然后睡在凉凉的空调间里呢？凉爽的冷水浴和电风扇更具有环保和节约的意义！

（13）慢慢开车

有时候，在时间允许的情况下，我会尽可能慢地开车。有人想进入我的车道？可以，让他们进来吧。我会和前面的车辆保持很长的距离，以便在遇到红灯时可以逐渐减速，我尽量不完全停下来。规则是不允许我阻碍交通，可没说我不能在中间车道上尽可能慢地跟着它。我可以听听新闻，放松一下。这样开车几乎是件令人愉快的事情。

当然，我偶尔会错过一个绿灯，有时候可能是两三个。但这并不重要，总体浪费的时间还不到5分钟；而且等待时我会将我的混合动力汽车熄火，静止时是不会消耗能源的，因此，我节省了大量的燃料。而且我几乎不怎么踩刹车，所以刹车片的磨损也不是很厉害。我没有超速罚单。

我可不想因为发生交通事故，给我自己和车子带来伤害，所以我节省了保险和医疗费用。最重要的是，我不仅省钱，而且承受的压力和挫败感也大大减轻了。如果你不相信的话，可以自己试试看。

除了以上这13种方法之外，斯泰西·约翰逊（Stacy Johnson）还在《生命还是债务》（LIFE OR DEBT）一书中，劝告人们，永远不要使用信用卡！在新加坡这样的地方，这条实施起来，难度系数还是很高的，因为这里大多数人的钱包里都塞满了各种银行卡，并频繁地使用这些卡片来获得一些折扣和赠品。

所以我们面对现实吧，在新加坡这个国度，把信用卡留在家里，那是万万行不通的。但是，他还是说对了一点，那就是使用信用卡容易造成冲动消费。我想大多数人都会同意这一点，用现金支付时，心理挣扎会更强烈一些。因此，还是建议大家多使用现金，特别是在较小的家庭式餐馆或商店，因为银行会向这些商家征收2%～3%的信用卡服务费，这样一来，他们的利润就大大降低了。

也许，你会质疑，这些省钱方法看起来并不会有很好的效果。而我始终认为，无论用哪种方式攒钱，都是一个积少成多的过程。更为重要的是，你要培养一种尊重数字的态度，使它们对你有利。

正如本杰明·富兰克林所言："小开支也要多计算，毕竟小小一个洞可以使一艘大船沉没。"今天，他的肖像还留在100美元的钞票上。

节约开支还有一个额外的好处：节约时间。其实在我们的生活中，有很多东西不是必不可少的，买了它们，只会占用你的时间、你的空间，还有你的金钱。想想吧，每次你买一个新物件或小工具，从厂家到你手中，要经历存储、包装和运输这一系列复杂过程。然后你为了研究它，又要花费几个小时去阅读说明书。

但最终，它们大部分还是逃脱不了被扔进垃圾桶里的命运。也许，有些人会说，我就是喜欢这样。好吧，我个人宁愿把时间花在孩子身上，与他一起玩游戏、学习经济学或者去游泳。

所以我的建议是，在每次购物之前，你只要问自己一个问题就好了，不是"我想拥有这个吗？"而是"没有这个，我还能舒适地生活和工作吗？"如果答案是肯定的，就不要去买它了。

节约悖论

我也清楚地意识到这样做的问题：如果我们都突然开始减少消费，那么国民整体经济会发生什么？它会不会缩减？如果我们都只是应需购买，那么经济会陷入严重的萧条状态吗？毕竟，我们都在一定程度上依赖国民经济的整体健康发展。

这种矛盾被称为"节约悖论"，自20世纪30年代约翰·梅纳德·凯恩斯（John Maynard Keynes）推广它以来，经济学家一直在考虑这种情况。保罗·萨缪尔森在他的著作《经济学》中用了三页篇幅讨论这一现象。矛盾的是，用萨缪尔森的话说，在通货紧缩压力和经济中就业不足的时期，个人的节俭可以"减少社会中实际净资本形成的数量"。其结果是，尽管人们都很善良、节俭，但由于收入较低和经济疲软，民众的储蓄总量可能会出现下降。

然而，总需求和储蓄的下降还是可以得到缓解的，例如，政府加大对经济的刺激力度（详见下一章）。储蓄过剩的国家还可以增加对其他可能消费更多的国家的出口，从而解决本国出口放缓的问题。最近，德国已经这样做了。

丹尼尔·阿尔珀特（Daniel Alpert）在其2014年出版的《供过于求的时代》（*The Age of Oversupply*）一书中，阐述了提高储蓄率的理由。他写道："发达国家必须提高储蓄率，以满足内部投资的需要，而不是继续依赖境外投资者一时兴起的资本流入。"此外，将更多收入用于投资的经济体往往增长速度更快。因此，消费驱动型经济体往往会挤出投资支出，而在供过于求的时代不应该长期这样做。

然而，政客们有时鼓吹的是，储蓄行为在某种程度上而言是不利于国家的。这是乔治·W.布什（George W.Bush）提出的，他在2001年美国发生"9·11恐怖袭击事件"后，敦促所有美国人外出购物和吃饭，以帮助美国经济复苏。

对此，你能说些什么？

首先，不管是出于经济上的担忧，还是来自社会上的消费压力，我们尽可能做正确的事情。让其他人都出去消费吧。他们可以促进总需求，并保持经济的运转。当然，如果每个人都这样想，那就行不通了，但从经验来看，我可以说这是极不可能的。正如我们稍后将看到的那样，这个世界上根本没有足够的资源让每个人都变富有。所以一定要保护你的财富。如果其他人不理解这一点，那就让他们继续努力，漫不经心地花钱——他们将为经济和人类的利益做出贡献。

其次，花这么多钱真的很好吗？过度消费正在摧毁我们的地球。如果我们都放慢一点速度也许是件好事。雨林枯竭、栖息地减少、生物多样性丧失、水资源短缺、全球变暖……所有这些都可以追溯到人口过剩，食物、能源和资源被过多地消耗和浪费。如果从这个角度来看，缩减开支也是一件利国利民的好事。

最后，我们都非常害怕衰退。如果"经济衰退"（Recession）（或者用更好的术语来说"去增长"（Degrowth））没有那么糟糕呢？如果我们只是说：来吧！正如我们稍后将看到的，赫尔曼·戴利

（Herman Daly）、萨斯基娅·萨森（Saskia Sassen）、蒂姆·杰克逊（Tim Jackson）和理查德·海因贝格（Richard Heinberg）等研究人员认为，全球经济放缓是不可避免的，事实上在某些方面是可取的。不管结果如何，未来的情况很可能会变得艰难，所以做好准备，建立起与之斗争的财务力量。

5 种增加收入的方法

因此，无论发生什么，你都需要保护你所有的新储蓄，并让它增值。金融领域的既定观点是，在决定如何投资之前，你应该了解5类资产：

（1）商品

（2）债券

（3）房地产

（4）股份

（5）衍生品

我们稍后将更详细地研究这些投资机会，尽管不是按照我解释的顺序。宏观经济形势影响着我们所有人，我们在规划未来时应该考虑到这一点。首先对宏观经济所涉及的概念有一个基本的理解，对你是极其有利的。

第三章 对经济学产生兴趣

约翰·加尔布雷斯
John Galbraith

对经济学家们来说，经济学是一种非常有用的就业形式。

经济学枯燥吗？

1971年高中毕业时，我不知道是该学生物学还是政治学，所以我选择了经济学。当时我认为经济学从某种程度上而言是一切事物的基础，而且世界总是需要能够处理这个问题的人。

经济学课程一共要学习五年，但在学习了两年后我就受够了。这简直是一场噩梦，我真的无法忍受在未来的40年里，天天坐在桌子后面看着无数的数字和数学方程式。

当时我们班上，有个家伙曾在加拿大北极区的一个钻井平台上做过工人——现在听起来有点离谱了！我对自然、鸟类、资源和野生环境很感兴趣。还认为我们总是需要大量的石油，所以这是一个有前景的行业。于是，我参加了著名的"空档年（Gap Year）"活动，环游了加拿大和阿拉斯加，当我从那里回来之后，就直接去了挪威，开始在北海附近的海上钻井平台工作。这些油田位于海洋中部，靠近英国和丹麦的海域，无论定位还是开发都极具挑战性。但我觉得做成的可能性还是极大的，事实证明我的判断是对的。挪威的石油确实成了一桩大买卖，并且改变了这个北欧小国。

我再也没有重返大学，所以也没有成为一名炙手可热的经济学家。但在我退学之前，我确实学到了一点儿东西。第一学期在一门叫作"国民经济"的课上发的一本教科书，就是保罗·萨缪尔森（Paul Samuelson）的《经济学》（Economics）。这些年我一直随身携带着它，直到2014年，我又翻出了这本书，弹掉封面上岁月留下的尘埃，重新阅读了一遍。40多年的经验与启示，这多么有意义，这一点也不无聊，这是人类文明的精髓！我也购买了2010年的新版本，从中也获得了所有最新的数据与案例研究。萨缪尔森就是经济学界中的大卫·爱登堡（David Attenborough，"世界自然纪录片之父"），是一位了不起的沟通者。

财富是如何创造的

大学第一年，有位老师对我们讲的一些话，一直让我铭记在心。他说："为了创造财富，你只需要三样东西：劳动力、资本和生产力。"从此，我在工作中，常常想到这一点。你需要工作，比如说，你想在地上挖个洞，你需要资金买把铲子；如果你想挖成一个坑，你得购买一台钻机。但这还不够，你还必须产生结果。就如同挖井一样，如果在挖得不够深还没出水的时候，你就放弃了，那么就没有创造财富。一定要生产出一些东西，这是为你提供生产力和财富的前提条件。

不过我们老师简化了这个问题。经济学家通常认为，你还需要一个必要条件：土地或租金，也就是一个工作场所。实际上，在人类早期的历史中，土地比其他任何东西都更为重要。在第一次工业革命开始之前，世界各地均以农业为主要产业，当然还有一些渔业、矿业和小规模生产。当时，谁控制了土地，谁就控制了财富。在封建社会中，地主阶级以及与皇室有关系的士绅们，都拥有绝对的控制权和权力；而没有土地的农民只能在农场上干活，从而自食其力。

在早期文明时期，贸易也被认为是重要的——我们今天谈论的全球化远不是一个新现象。重商主义（Mercantilism）发源于16世纪的欧洲，并一直持续到工业革命时期。这是一个经济思想变革的时期，财富不再仅仅是土地；它现在也是金钱，尤其是贵金属，特别是黄金。就像今天一样，贸易被视为增加财富的一种方式。然而，重商主义者当时认为贸易不是双赢，而是输赢；他们赞成征收高关税，以保护国内经济不受进口的影响，并赞成采取积极的贸易政策，从国外引进财富，然后以真金白银的形式在国内储存它。

例如，西班牙与新大陆之间的贸易就发展成了一种近乎抢劫和种族灭绝的扭曲的重商主义。新大陆的原居民被称为印第安人，因为1492年克里斯托弗·哥伦布登陆巴哈马时，固执地认为自己已经到达了亚洲大陆。他一直探索着委内瑞拉的海岸线，但直到死还没有意识到他实际上发现了两个全新的大陆。不管怎样，新大陆上的印第安人有黄金，他们用黄金制作出精美的宗教装饰物；但除此之外，黄金在他们眼里别无他用，因为它太软了，不能用做工具，他们没有意识到其可被当作金钱来估价。因此，他们很乐意与欧洲人进行贸易活动，以换得更有用的铁制工具。

约翰·布朗（John Browne）在他的《改变世界的7种元素》（*Seven Elements That Have Changed the World*）一书中，生动地描述了几十年后，跟随哥伦布足迹的西班牙征服者们，是如何袭击南美洲以寻找神秘的黄金国埃尔多拉多（El Dorado）的，这片拥有无尽财富的土地，传说就在如今的哥伦比亚地区。所幸，他们始终没有找到它，但他们却找到了开采黄金的穆伊斯卡人和印第安人，他们用闻所未闻的野蛮手段掠夺这些人。在16世纪30~40年代，西班牙人从印第安人那里偷走了大量的黄金饰品，还熔化了印第安人珍贵的艺术品。他们把黄金都运回了西班牙，并在那里铸造成了金币。这些黄金数量巨大，西班牙人用了60艘能承载200吨黄金的船只来运送它们。

这只是重商主义时期历史的一部分，你是不是认为，这些殖民者从此就过上了美好生活？实际上，结局可没有想象中那么好。在欧洲国内，大量财富被浪费在奢侈品和战争上，而且当地的工业也停滞不前。布朗在提到当今欧洲经济形势时，有趣地写道："西班牙很快陷入了螺旋式上升的债务当中，并最终破产。正如20世纪末一样，现在以廉价信贷的形式轻松获得的'意外之财'，削弱了他们的经济。"

从亚当·斯密到保罗·克鲁格曼

随着工业化时代的开始，我们对经济以及如何创造和衡量财富的看法也发生了变化，这并非巧合。哲学和理性往往建立在我们所处的物质环境的基础之上。

亚当·斯密（Adam Smith）通常被视为古典经济学派的创始人。在他的理论中，劳动在创造财富中的作用首次被强调。这有点令人啼笑皆非，因为这正是工业时代的开始，机械和资本变得同样重要。斯密与重商主义者决裂，他的结论是：如果黄金和白银只是可以买卖商品的死物，那么真正的财富来源就是物质生产及其劳动力、资本和土地各组成部分。

亚当·斯密于1776年出版了他最重要的著作《国富论》（*The Wealth of Nations*）。在这本书中，他描述了市场力量如何有助于以最有生产力的方式分配土地、劳动力和资本等资源，从而为整个社会创造财富。他认为，每个实业家和商人在市场上的行为都是为了个人利益，而不是出于善心。但是——这就是一个关键点——只有这些以利己主义为目的的交换行为才会产生"理想"的结果，就好像每个参与者都被"看不见的手"引导着，"去促成一个并非他本意的结局"。

瞧瞧，这就是市场上著名的"看不见的手"，其让每个人都从中受益。难怪那些自由市场信徒们视《国富论》为圣经。据说玛格丽特·撒切尔在手提包里就带着一本。

自斯密的书出版以来，就出现了许多解读。我觉得克里斯·罗杰斯（Chris Rogers）在2014年出版的《资本主义及其替代品》（*Capitalism and Its Alternatives*）中提出的见解特别有见地。罗杰斯指出斯密从不相信市场会解决社会中所有的经济与社会问题——但这一事实在某种程度上被他的支持者所忽视。斯密是一个有道德的人，他提到的市场参与者在为自己的利益行事时并不是真正的自私；他们都有很强的道德原则，相互同情。斯密还坚称，国家对经济的运行是至关重要的。国家的作用是创造和维护稳定和平的条件，以便分工和公平贸易得以进行。只有财产权和国界得到保护，才能让"看不见的手"完成它的工作。

亚当·斯密从来没有使用过"资本主义"这个词，但卡尔·马克思（Karl Marx）曾经在他的主要作品《资本论》中使用过，就在其1867年出版的第一卷，也是最重要的一卷中。与斯密一样，马克思也认为劳动是创造财富的关键，他甚至说，劳动是创造财富的唯一途径。资本所有者所做的是榨取生产价值与支付给生产工人的工资之间的差额，即所谓的"剩余价值"。工人们可以自由地，以一定的价格出售他们的劳动力，但在马克思看来，这种自由有点儿像幻想，因为如果工人们不依靠出卖劳动力谋生，那他们就只能靠被施舍或运气来填饱肚子，这些都不是合理或可接受的选择（罗杰斯解释）。马克思认为，资本家之间的关于市场份额和利润的竞争，往往会迫使工人的工资呈螺旋式下降。资本家也倾向于用机器取代劳动力，以提高生产率，这反过来又会迫使工人们失业。所有这些最终会导致生产过剩、贫困工人/消费者的需求不足，从而导致资本主义的经济危机。

自1929年美国股市崩盘和随后的全球大萧条以来，资本主义经济再没有以纯粹的形式存在。随着富兰克林·罗斯福1933年的新政和同一时期约翰·梅纳德·凯恩斯（John Maynard Keynes）的出现，资本主义被修改了，国家干预的力量变得很大。

凯恩斯在1936年出版的《就业、利息和货币通论》（*The General*

Theory of Employment, *Interest and Money*）一书中提出了"混合经济"的概念，此后，它确实是所有成功国家的经济良方。凯恩斯一直活到1946年，对当今所有国家执行宏观经济政策的方式都产生了深远的影响。他还在1944年制定布雷顿森林体系方面发挥了重要作用，从而建立了固定汇率制度，以及世界银行和国际货币基金组织。另一方面，有点保守的（即自由市场支持者）经济学家米尔顿·弗里德曼（Milton Friedman）在当时也宣称："我们现在都是凯恩斯主义者。"从那时起，政治家和评论家们都重复了这一陈词滥调。

当然，今天分析人士、学者和政治家们仍在就如何推进经济政策展开辩论，但往往是关于细节而不是原则。在保守派的角落，你会发现像里克·桑泰利（Rick Santelli）这样的美国全国广播公司财经频道（CNBC）金融记者和他的茶党朋友，在美国共和党的自由主义运动中支持所谓的自由市场资本主义。而在自由派的角落里，你可能会发现，有像反对紧缩政策的倡导者约瑟夫·斯蒂格利茨（Joseph Eugene Stiglitz）和最引人注目的保罗·克鲁格曼（Paul Krugman）这样的经济学家。

为《纽约时报》撰稿的克鲁格曼强烈支持国家对经济的干预，比如以提高最低工资和完善福利制度的形式缓解不平等。他曾公开表示，多达50%的国家经济份额是可以接受的，就像法国和斯堪的纳维亚国家。他提出的解决国债危机的办法，就像希腊的解决方案一样，通常只是简单地免除债务，以恢复经济增长。和其他自由派一样，克鲁格曼倾向于在美国民主党和欧洲同等的社会民主党中找到自己的支持者。

我认为，我们之所以选择混合经济，是因为混合经济已经表明了人们想要的结果：在私营经济中有大量的创新、增长和就业机会，但是国家通过对企业的严格监管、垄断控制、消费者保护措施以及社会政策等形式的干预来减少不平等。国家为经济发展提供了基础，私营经济抓住了机会。互联网是由美国政府在20世纪60年代以国家资助的一个项目发展起来的，在20世纪90年代之前，主要用于学术界。但看看私营经济从其中发现赚钱的前景时发生了什么——比如微软，苹果，谷歌，亚马逊，Facebook……这份名单实在是太长了。

保守派和自由派经济学家之间的争论是永远不会结束的。人们只要有不同的利益、理想和价值观，就会提出不同的理念和理论推广它们。这就是经济和政治令人激动的原因。

一些宏观经济概念

当你让资本主义为你服务时，国民经济中有几个术语你应该熟悉。当你在分配资产时，它们会帮助你做出正确的决策。在你打开美国全国广播财经频道或彭博电视台，或者在你最喜欢的报纸或网上阅读商业页面时，你就会被这些术语轮番轰炸。有些概念的意思相当明显，有些则十分复杂。

资本

资本必须是资本主义的核心，对吗？确实如此，但资本是很多东西。我喜欢萨缪尔森的老套解释："只要人们愿意储蓄——放弃现在的消费，并等待未来的消费——那么社会就可以把资源用于新的资本形成。"萨缪尔森由此总结道："经济活动是面向未来的。同样，当前的经济消费在很大程度上是过去努力的结果。"我真的希望如此——萨缪尔森在新时代到来之前写了这篇文章，这是一个通过债务创造无限资本的时代！

政府和私人金融公司都可以凭空创造额外的资本，他们也做到了。银行贷出超出其法定准备金的资金，这样可以多次调整其存款的价值。"法定准备金"（Reserve requirements）通常是指中央银行规定的地方银行应具备的流动性资金，即它们必须持有的与贷款有关的最低存款。这不应与"资本金要求"（Capital requirements）相混淆，资本金要求是指监管机构要求的银行内部股本，即银行必须在资产负债表上拥有的超额股东资本，以确保其具有偿付能力。

资本也被用来描述物质资本，即经济中更广泛的资产，而不仅仅是金钱，例如生产物品与劳务的设备和建筑物。就连在那里工作的人有时也被称为"人力资本"！这在生态经济学中变得很重要，像赫尔曼·戴利这样的作家对人造资本和自然资本都进行了重大区分。

货币供应量（Money supply）

现在回到货币资本。国民经济中的货币量亦被称为货币供应量，可以按照货币流动性的强弱划分为四个不同的层次，即M0、M1、M2、M3。M0是流通中的实际货币，即纸币和硬币。M1是指M0加上银行准备金和非流通的存款。M2包括储蓄存款和个人定期存款，是决定通货膨胀的关键指标。考虑到机构货币市场基金，M3是最广泛的指标。在过去的几十年里，货币供应量，特别是M2，在所有发达经济体中都得到了稳定增长，这对你的投资决策产生了至关重要的影响（图1）。

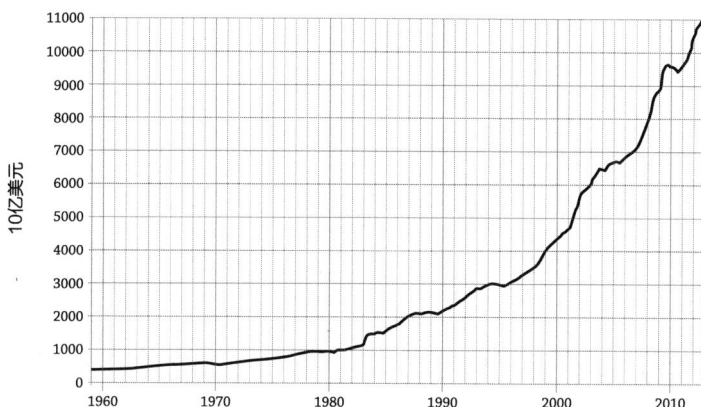

图1　美国MZM货币供应量

注：所有发达国家的共同点是经济的金融化，这表明货币供应量大幅增加，尤其是自20世纪70年代末以来。上图显示了美国不断增加的MZM（零期限货币）货币供应量。MZM是衡量流动性资金的指标——基本上是M2减去定期存款，再加上货币市场基金。

货币政策（Monetary policy）

这是中央银行用来控制货币供应量、实现经济稳定增长、物价稳定、适度通胀和充分就业的一套政策。中央银行是独立的机构，它们是与民选政府同步运作的，以引导经济；政府本身的主要经济工具是财政政策（即税收和支出）。

在美国，货币政策的执行者是联邦储备系统（Fed）；在欧元区，它是欧洲中央银行；而在新加坡，它的执行者是新加坡金融管理局

（MAS）。

中央银行的主要的货币政策工具有三个：利率、银行存款准备金率、公开市场业务（购买或出售债券以刺激或减缓经济发展速度）。当央行提高利率、出售债券或提高零售银行的存款准备金要求时，就会减缓经济发展。这是在经济过热、通货膨胀加剧的情况下采取的措施。在通货紧缩的经济环境（低需求、低增长、高失业率）下，央行会采取相反的措施，即保持低利率，并在金融市场上购买资产，以刺激货币供应和增长，即"量化宽松的货币政策（QE）"。

在新加坡，MAS与其他地区的央行有所不同，因为新加坡经济的开放性，MAS并不直接设定利率，而要由银行参照国际利率决定。MAS的货币政策主要是通过控制新加坡元（SGD/S\$）未披露的一篮子货币的汇率来实施的。MAS每年两次宣布其对新加坡元的立场，但有时也会在会议之间宣布。新元走高将会降低债券收益率和价格，而宽松政策则被视为对当地经济的通胀刺激。

利率（Interest rates）

我们都很讨厌支付利息，但却很高兴收到利息。之所以会这样，那是因为钱是有时间价值的。比如说，你可以选择在今天或一年后收到100美元，今天，你收到的仅仅是100美元，而1年之后，你除了收到100美元，还会额外收到一笔奖金，比如3美元。这就是你的利息率：每年3%。（在最近完全反常的宏观经济学的发展中，一些欧洲银行开始收取负利息，即银行向借款人支付利息！而有一些社会因为文化原因而对利息不感兴趣。我们姑且搁置这类案例。）

通常在大多数国家，央行为零售银行的借款设定利率，收取借款利息。零售银行再放贷给他们的客户，以获得贷款利息。借款利率低于贷款利率，这二者之间的差额就是净利息。央行通过降低利率来刺激经济，促进经济增长和就业。而提高利率可以使需求过剩、产能不足、通货膨胀的过热的经济降温。

在美国，央行利率被称为联邦基金利率，是实施货币政策的重要工具。2008年12月至2015年底期间，该指数一直处在0%～0.25%（或0～25"基点"）的历史超低区间。

通货膨胀（Inflation）

正如大多数人理解的那样，通货膨胀也就是物价上涨。但还有一点比这更重要。价格通常是用消费价格指数（CPI）来衡量的，该指数跟踪一篮子消费品和价格随时间的上涨情况。我说"上涨"是因为物价总是上涨，不是吗？回想10年或20年前，有什么东西比现在更贵吗？可能没有。好吧，也许机票比现在更贵。然而，在较短的时间内，比如几个月甚至几年，价格有可能下跌，比如在经济衰退期间，在需求不足的情况下。

CPI有时候会剔除某些部分，通常是食品和能源，在新加坡则剔除住宿费和私有道路运输费。剩下的部分被称为核心通货膨胀。这样做的目的是减少这些波动因素对CPI的影响，因为它们往往会暂时收缩。

在美国，美联储经常提到一个类似于CPI的指数，即个人消费支出指数（PCE）。PCE的增长往往要慢于CPI，而反向投资者都认为，官方的通货膨胀数据是由政府操纵的，并且保持得太低。

通货膨胀通常不会在整个经济中均衡发生。我们经常看到个别行业的通胀压力激增。在2008—2009年经济大衰退后，各国央行大规模扩大货币供应（QE）期间，我们看到了显著的资产通胀，但工资通胀很少。换句话说，新的资金用于购买房产、债券和公司现有的股票，但很少流入工人的钱包，整体通胀水平仍然很低。我们稍后将更详细地讨论这个问题。

中央银行的既定目标是保持适中的通货膨胀率，通常约为每年2%（欧洲和美国），中国则保持在每年3%。这将鼓励消费并减轻债务人的债务负担，从而刺激经济增长。各国政府既不希望通货紧缩（负通胀，即价格下跌），因为这将导致消费者在预期价格下跌的情况下推迟消费，从而减缓经济增长；也不太希望通货膨胀过高，因为这表明经济过热、货币供应难以持续增长。极端的通货膨胀可能导致金融和经济全面崩溃。新加坡在日本占领期间就出现了恶性通货膨胀，而在最近的2009年，津巴布韦也经历了恶性通货膨胀。

我的外祖父亨里克·亨里克森（Henrik Henriksen），出生于1896年，作为一个热情的丹麦民族主义者，他于1920年南迁到德国的弗伦斯堡，在那里的一所丹麦少数民族学校里教书。他经历了魏玛共和国（Weimar Republic）的恶性通货膨胀，这可能是有史以来最臭名昭著的货币管理不善和崩溃的案例。当我还是个孩子的时候，外祖父给我看了一个鞋盒，里面保存着满满的钞票。面额简直是天文数字，十亿、几十亿马克。在那时，纸币几乎就是废纸。

这发生在1922年至1923年期间，当时的德国，试图偿还第一次世界大战后的战争赔偿款。于是德意志银行便大肆印钞。当时马克的最高面额是100万亿，但只值25美元左右。通货膨胀率每月高达

3000000%。也许你们对这段历史很感兴趣，但在这里我就不再过多叙述了［给你们推荐《当货币死去》（*When Money Dies*）这本书，作者是亚当·弗格森。这是一本关于魏玛共和国时期恶性通货膨胀的权威书籍，文字优美，历史洞察力强，是我望尘莫及的］。然后，外祖父还告诉我，当他们去面包店买面包时，是如何推着小车来运钱的。更可笑的是，他们在家里烧成堆的钞票来取暖，因为比买柴火还要便宜。当他们去咖啡馆用餐的时候，点完餐后就会立即支付餐费，以防止在他们用餐期间涨价。

这就是通货膨胀！在银行里存钱的人彻底破产了，但其他人却从中受益了。如果你拥有不动产或公司股份，就不会受到太大的冲击。负债累累的农民受益最多。有个故事说的是，一个农民进城，在市场里卖了几个鸡蛋，然后用这笔钱还清了他房屋的全部抵押贷款。

恶性通货膨胀的经历在德国人的心理上留下了深刻的伤痕，今天，当德国向其他欧元区成员国宣讲负责任的货币和财政管理时，显然是铭记了这些教训。

GDP

GDP（国内生产总值）可能是所有宏观经济指标中最重要的，它是衡量一个经济体总产出的指标。它通常是按市场价格计算的一个国家（或地区）所有常驻单位在一年内生产活动的最终成果。GDP是衡量所有商品和服务在国民经济中流动价值的指标，有两种方法来衡量流动价值，即支出法和收入法。这两种方法得到的结果是相等的，因为一个人的支出就是另一个人的收入。

按支出法计算的公式为：GDP=C+G+I+（X−M），其中C是私人消费，G是政府支出，I是资本投资，X是出口，M是进口。因此，贸易顺差将增加国内生产总值，贸易赤字将减少国内生产总值。根据收入法，国民收入（NI）是将所有收入加起来计算的，其公式为NI=W（工资）+R（租金收入）+I（利息）+PR（利润）。虽然NI的使用频率较低，但看看国民收入的构成可能会很有趣，我们稍后再谈。

我们有时会看到NNP和GNP这两个术语。NNP的全称是国民生产净值（Net National Product），即国民生产总值减去资产折旧后的余额。扣除折旧已经过时了——今天这个数据通常表示为毛利，我个人认为这是错误的！国民生产总值（GNP）与国内生产总值（GDP）相似，但国民生产总值是以国家为基础来计算的，因此在国外拥有工厂的公民的收入计入其国籍国家的国民生产总值，而不是国内生产总值。这样，拥有大量外国投资的非常开放的经济体（如新加坡），GDP往往高于GNP；而对于像日本这样的国家，GNP往往超过GDP。

你可以利用GDP来计算"实际GDP"（即名义GDP减去通货膨胀的影响），以及"人均GDP"（当然是以GDP除以人口规模）。GDP也可以基于PPP（购买力平价）计算，它考虑到了不同国家的不同价格水平。价格低廉的国家往往很穷（生产率较低导致工资较低，总体价格较低），但以购买力平价衡量，其GDP往往高于高收入工业化国家。

最终，你使用哪种方法，GDP、GNP或者PPP，可能并不那么重要。而随着时间的推移，对我们来说事情变得更好还是更糟糕，才是最重要的。这就是为什么总是看到GDP每年甚至每个季度的变化总是头版新闻了。如果GDP连续两个季度都是负增长，则被认为是技术性衰退，即经济衰退。在公认的GDP数据中，数值越高越好。在这种观点下，GDP就如同一份学校的成绩单：+4%好于+2%，+2%好于0%。

GDP还涉及更多的东西。不久前的一个晚上，我正在收看CNBC的节目，当天的重要新闻是加利福尼亚州发生丛林大火。此次大火将数千公顷的土地和数百间房屋化为灰烬。主播间里那位漂亮的金发女郎却从另一个角度评论了这条新闻，她说："这对加州经济来说，可能是件好事。当所有的房屋都要重建时，这将有利于经济的增长！"这是对经济增长的误解。按照她的观点来说，交通事故岂不是也有利于经济增长了？它会为维修事故车辆的汽车车间增加生意，还需要叫救护车将伤者送到医院，以及用于伤者治疗和康复的款项。假如有遇难者的话，还要为死者提供葬礼服务；然后来年保险公司的保险费会更高了？如此一来，GDP大增，那么每个人都是赢家，对吧？当然不是，这里有一个隐藏的矛盾，被称为"破窗谬论"——这位CNBC主播，要么没有听说过，要么就是疏忽了这一点。赫尔曼·戴利（Herman Daly）创造了"非经济增长"一词来解释这种GDP增长。还有许多其他关于GDP及其发展方式的问题，我们将在第十章中更详细地讨论它们。

经济指标（Economic indicators）

这些都是投资者应该熟悉的经济中的重要概念。有三种指标。先行指标，其通常在整体经济达到峰值或底部之前就已经见顶或见底。重要的先行指标是新订单、货币供应量、股价、新业务形成、批发价指数、单位劳动力成本。工业生产和个人收入是同步指标，而平均失业时间和银行利率是落后指标，其在总体经济达到峰值或见底之后才会见顶或见底（IBF，2013a）。

一般的经济指标在Investopedia.com等网站上都有广泛报道。所有国家都有利用经济数据进行统计分析和预测的政府部门。在新加坡，你可以从贸易工业部（MTI）和统计部的网站上获取最新的数据。MTI编制了一个包含9个领先指标的指数，即综合领先指数（CLI）。即使你在投资工作中遇到了数据过载问题，偶尔用它检查一次也是很有用的；每季度都会在线更新一下数据。

我的奥胡斯大学统计学老师说，统计学就像女士的比基尼：它们揭示了很多东西，但隐藏了最重要的部分。统计数据不会准确地告诉你未来会发生什么，但它们值得调查和考虑，这样你就可以形成自己有见地的观点。

财政政策（Fiscal policy）

正如我们在货币政策中看到的，这是政府管理经济的主要工具。它指的是政府利用税收和支出来控制总的供求关系。政府通过增加税收和减少支出，为经济降温并减少社会总需求。同样，如果政府减税并增加支出，这将刺激需求和经济增长。

如果政府确实有一些资源可以管理，那么财政政策的效果是最好的。如果政府坚持通过支出超过税收收入的方式，即运行预算赤字，来提振经济，最终它将耗尽借款的选择期，然后就会失去经济的选择期。2009年经济衰退后，许多欧洲国家都出现了这种情况。希腊是经济管理不善的典型代表，但同时，还有许多其他所谓的"地中海俱乐部"国家有同样的问题。

在新加坡这样一个审慎地进行经济管理的国家，财政政策仍然是经济战略的支柱。1985—1986年的经济衰退是由多种原因共同导致的，主要是外部因素，如油价下跌和国际贸易量下降，还有当地的企业成本增加，尤其是工资上涨过快。针对当时的情况，政府采取了经典的财政政策来应对这一事件，包括降低储蓄率（中央公积金捐款）、大幅下调企业税率、将新加坡航空（Singapore Airlines）和后来的新加坡电信（SingTel）等与政府有关联的公司私有化，并承担公共工程项目，例如扩展捷运系统。在私人方面，工会工人也站出来支持。我还记得当时的游行活动中，工人们举着"降低我们的工资"的宣传条幅，这对于我来说，完全是一次文化冲击。我所见过的欧洲的工人，只会要求得到更多的休息时间和工资。它真的奏效了！1987年，新加坡经济复苏得非常快——这就是财政政策发挥作用的一个例子。

那么，今天这一切和你又有什么关系？好吧，不管你喜不喜欢，所有这些概念都在你的生活中扮演着重要角色。我们之所以有经济学，首先是因为资源有限。如果有足够的东西，我们永远不用节约，对吧？但是，并没有。经济学家希望把经济学看作一门科学，当然，它在某种程度上确实如此。它背后的数学原理，可能像火箭科学一样复杂。但这也是一门艺术，最后是一个猜谜游戏，每个人对未来的猜测都与其他人一样好。

你如何解读宏观经济形势和事件，将直接影响到你明天是应该购买黄金、星展银行公司债券，还是苹果公司的股票。答案可能就在现有的大量历史和宏观经济数据中。当然，也有一种叫作微观经济学的东西——它是宏观经济学的孪生兄弟。微观经济学研究的是企业和消费者在经济中的作用，以及供需的价格弹性。我们稍后将在第我五章中考虑商品的价格形成时，再研究这个问题。现在是时候继续讨论第二章中提到的每一种资产类别了。

第四章 衍生性金融产品

沃伦·巴菲特
Warren Buffett

衍生性金融产品是大规模杀伤性武器。

什么是衍生性金融产品？

正如你在上一页所看到的，我们知道巴菲特对衍生品的看法。而且我也同意他的看法。我在这本书的资产类别中首先介绍衍生品，是为了让你在投资时将它们排除在外。我会坚定地劝告你：不要玩衍生品。我马上就会告诉你原因。

对于年轻的投资者来说，以耐心的传统的方式积累财富似乎是一件烦琐而缓慢的事情。因此，他们就把目光转向衍生品；他们借款以增加他们的赌注。是的，这样你可能赚大钱，但也可能损失惨重。我只想告诉你，如果你继续玩这种零和游戏，终有一天，你将会失去所有的钱。最终你不是快速致富，而是快速变穷。

衍生产品本身并不具有价值；它们通过与资产相关联，获得自己的"价值"，比如公司的股份或货币。然而，衍生品被这种神秘感所包围。由于普通人并不真正理解它们，认为它们是非常复杂的工具，会使那些具有经济头脑的孩子们变得非常富有。因此，让我们简要地思考一下衍生品，然后转向其他资产类别，以更可控的方式增加你的财富。

大量的书籍和网络资源很详细地解释了衍生品。我在此就引用《资本市场与财务咨询服务考试学习指南》中的"模块6A：证券和期货产品知识"的一些内容。本书由新加坡银行与金融研究所（IBF）出版；他们代表新加坡金融管理局组织考试，以确保当地金融从业人员的能力水平。

据IBF称，衍生产品基本上可以分为三种：期货、期权和认股权证。在这里我要增加一个CFDs（差价合约），因为其在散户投资者中很受欢迎。

期货（Futures）

顾名思义，期货合约背后的理念就是，你要提前一段时间给产品设定好价格。比方说，你是一个农民，刚种了一片玉米，然后就设定了一个价格，将它们未来的收成都卖了出去。交易促成之后，你就等着玉米成熟后收割，然后就可以把玉米直接送到客户的仓库了。虽然远期合约也会做同样的事情，但期货合约是一种通过芝加哥商业交易所（Chicago Mercantile Exchange）等清算机构或新加坡交易所（SGX）等附属交易所安排的标准化产品。

期货合同用于农产品、石油产品和金属等所有有形商品。但期货工具的运用已经扩展到几乎涵盖任何金融产品，包括股票、房地产、外汇、利率、信用违约互换（credit default swap，CDS），甚至天气！合同在交易的最后一天通过现金结算或实物交付的方式结算。

然而，我们并不都需要5000蒲式耳的小麦或者1000桶西得克萨斯轻质低硫原油送到我们家门口。如前所述，期货合约在成交量、交货日期和最低价格方面是标准化和具体的。这样做的好处是，农民和他的批发客户，或者钻井平台和炼油厂，都可以随时交易期货合同。这让中间人——期货交易商——有了一个可以参与交易的机会。期货交易所是收集、执行和结算订单的地方；交易所还为买卖双方开展业务和解决可能的纠纷提供了一个安全的框架。

期权（Options）

顾名思义，期权是一个选择权。它赋予期权买方行使期权的权利，但不赋予行使期权的义务。例如，如果你正在选购一套新公寓，你可以花一点儿钱从开发商那里购买一份期权（类似于预付的定金），然后再行使它，这样你就可以全额结算了。金融交易往往是这样做的，直接在双方之间进行，但自20世纪70年代以来，期权交易已扩展为标准化合同，可以在衍生品交易所交易。目前已经为股票、指数、货币、利率和大宗商品等一系列金融工具提供了期权。使用这样的交易所和标准化条款意味着任何拥有交易账户的人都可以买卖期权，从而为期权市场提供流动性。

看涨期权（Call option）赋予持有人在有效期内以执行价格（Strike price）购买标的资产的权利。当投资者认为基础证券的股价会上涨时，他们会买入看涨期权。

出售股票的选择权亦被称为看跌期权（Put option）；用交易术语来说，这是"做空"股票。看跌期权赋予持有人在到期日或之前收到标的股票的执行价格的权利。如果你购买的看跌期权的看跌价格为10美元，即使股票在到期时已下降到8美元，你现在仍可以以10美元卖出。换句话说，如果你认为市场是看跌的（意味着它正在下跌），你就会购买看跌期权。

如果市场表现证实了你的观点，无论是看涨还是看跌，你的利润都是无限的。损失仅限于期权的成本，即需要支付的保险费和利息成本。

期权通常以保证金的方式进行交易，这意味着交易平台只需要一部分价值作为首付。只要期权是在价内的，这就可以了，这意味着它可以以盈利的方式结算。如果市场对你不利，期权就会赔钱，交易所平台可能会发出追加保证金通知，要求你为账户充值。

显然，期权交易还有更多的内容，但以上所述足以解释期权的主要概念。期权有一个时间值，该时间值在到期前逐渐下降；期权的总价值=内在值+时间值，到期时时间值变为零。期权交易中有许多不同的交易组合策略，如看涨期权和看跌期权，"保护性买权"和"无掩护卖权"等，可选择的组合很多。

认股权证（Warrants）

认股权证是一种以事先约定的价格买入或卖出标的资产的期权。然而，与期权不同的是，认股权证是由公司而不是投资者发行的，提供给公司债券和优先股的持有人。它们对股东来说就像是一小笔奖金，通常有效期为几年。持有人可以保留它们并以事先约定的价格将其转换为新股，当然这应该低于当前的股价。或者，认股权证可以在交易所进行交易。

结构性认股权证由第三方金融机构发行。看涨权证赋予持有人购买标的资产的权利，而看跌权证赋予持有人出售标的资产的权利。新加坡的结构性认股权证始终是所谓的欧式期权，这也意味着它们只能在到期日行使。在期权交易中，所谓的美式期权可以在到期前或到期时随时行使，因此通常以轻微的溢价进行交易。

差价合约（CFDs）

近几年来，随着网上交易平台的普及，CFDs变得很受交易者的欢迎。差价合约是一种期货合约，只以现金的形式进行结算。没有到期日，因此你可以根据需要持有差价合约（还是有一定的成本，因为交易平台将收取一些融资利息）。如果你认为一家上市公司的股价即将反弹，你可以以10美元的价格购买差价合约，并在股票价格上涨到15美元时将其卖出，这样即可赚取5美元的差价。而你无须实际拥有股票。你会疑问，为什么不去买真正的股票呢？当然可以，但通过差价合约，交易平台将允许你以保证金的形式进行交易，例如，平台提供的融资保证金比例为10∶1，这就意味着你只需要花1美元就可以持有10美元的股票，如果股价上升至15美元时将股票卖出，你就可以获得5美元的利润。当然，如果市场对你不利，并且股价下跌至5美元，那么你在1美元的投资中，就损失了5美元，还得加上你使用工具时需要支付的利息。有了差价合约，你就可以出售你并没有实际拥有的股票或指数，例如，在熊市当中，当你觉得未来的交易价格会继续下跌时，就可以利用做空从下跌市场中获利。

衍生产品的使用

正如我们在期货交易中所看到的那样，衍生品在实体经济中也被广泛使用。例如，一家航空公司可能会提前几个月购买航空燃油期货，以锁定他们认为有利的价格；通过这种方式，他们可以提前预算并设定好机票价格。一个铜矿经营者可以在金属开采出来之前为他的产品确定一个价格；这也使他能够安全地进行预算。

这是一种降低风险的对冲策略。如果你有一个蓝筹股投资组合，但你担心市场即将下跌，你可以通过购买看跌期权，在未来某个日期里以很好的价格把股票（或类似股票的指数）卖出去，以对冲你的仓位。如果市场如你所料的那样大跌，你就行使有关期权；相反的，如果市场上涨，那你就让期权到期。无论哪种方式，你的投资组合都会增值，你的资金都是相当安全的，除了对冲所需要的成本。

衍生品通常被用来提高"结构性商品"的投资收益。它们可以是结构性票据、基金甚至是合成交易所买卖基金（Synthetic ETF）；我们将在第就九章中更详细地研究ETF（交易所买卖基金），以方便我们如何更好地组合出一个安全且盈利的多元化投资方案。障碍期权（Barrier options）包括可赎回的牛市/熊市合约、延期结算合约、掉期合约等，实在是不胜枚举。这些就是金融业在他们所谓的"金融创新"中开发的工具，他们都使用衍生工具。甚至还有衍生品的衍生工具，我可不是开玩笑，你可以买期货期权！

显然，衍生品可以提高投资产品的回报。但使用衍生品也有风险。如果市场对你不利，衍生产品会加重你的损失。这就是为什么沃伦·巴菲特在2002年说："在我看来，衍生品是一种大规模杀伤性的金融武器，虽然现在只是潜伏性的危险，但潜在的杀伤力不容小视。"

我有一位石油行业的老同事，他曾经在钻井平台上对我说："按照我说的做，而不是做跟我一样的事情。"同样，观察人士也指出，巴菲特实际上在投资工作中也使用了衍生品。这位大名鼎鼎的股神，通常会向其他的人提供这样的建议："购买低成本的指数基金。"我们将在后面的第七章和第九章来讨论这个问题。

因此，使用衍生的金融产品可能有一定的危险。这就是金融监管机构只向所谓的"合格投资者"推荐它们的原因。在新加坡，根据《证券与期货法》的规定，合格投资者是指那些个人净资产超过200万新元，或年收入超过30万新元的人。只有通过金融能力测试的合格投资者或金融机构会员才可以进行衍生产品交易，机构和信托投资公司也可以进行衍生产品交易。提供这些交易服务的机构和平台应该对其客户进行筛选。

一般来说，金融业务中的合格投资者，就是那些拥有100万美元以上的可投资资产（不包括住宅、汽车等）的人，基本上都是百万富翁，这群人也被称为高净值人群。而那些身家在10万～100万之间的人，只能算是"富人"。如果你没有足够多的资产呢？那就太可惜了，反正对冲基金也不会对你有兴趣。

对冲基金与普通共同基金在使用衍生品方面的区别恰恰在于此。与其名称不同，对冲基金并不进行对冲交易。他们通常采取坚定的立场，要么在市场上做空，要么长期做多，这取决于他们的前景。对冲基金的存款通常从20万美元起步，而这些基金通常也是非流动的；他们很难在短时间内退出。普通共同基金投资时间长，不会做空市场，也不会使用杠杆，用借来的资金充实头寸；他们通常短期内就能赎回他们的证书。

许多观察家一直对这个金融创新时代持怀疑态度。例如，经济学家保罗·克鲁格曼（Paul Krugman）就指责过金融业对实际经济的贡献很小，同时投入巨额货币，却只从顶部捞了一点油水。这些数字是相当惊人的。截至2010年年底，未偿付场外衍生品市场总额超过600

万亿美元（IBF，2013b）。其中利率合同大约有465万亿美元，位居第一。外汇合同和信用违约互换分别位居第二和第三。

对于那些在金融服务业谋生的人来说，这当然是件好事了。每年，银行、投资服务、财务管理和其他金融服务以及保险业收入约占新加坡国民总收入的12%，而金融服务行业是服务业中增值系数最高的。因此，你应该从这个行业中受益，而不是为它义务做好事，自己却一直受损失。

衍生品交易是一场零和游戏

此刻，我心头警铃大振：衍生品交易就是一个零和游戏。这个词并不是我发明的，在《期货产品知识官方研究指南》（IBF，2013b）第90页就写道："期权市场是一个零和游戏，因为买方的收益等于卖方的损失，反之亦然。"所以我非常怀疑：衍生品交易市场就是一个赌场。

在新加坡交易所（SGX）于1999年成立之前，有新加坡证券交易所（SES）和新加坡国际货币交易所（SIMEX）。20世纪90年代，我曾在油田时的一些同事在SIMEX试过运气。他们可以用自己或其他人的钱在交易所购买交易席位，然后进行外汇和衍生品交易，并收取一定的费用。这个地方就在圣淘沙岛对面，也就是现在的怡丰城。我曾几次去那里拜访我的一个朋友。那里的交易员们穿着五颜六色的夹克，用老式的叫价方式进行交易。

一段时间之后，我的三位朋友们都离开了SIMEX。有人说：

"我不是真的要做，只是想了解一下。"此后，他们又回到了石油行业，分别为斯伦贝谢、哈里伯顿和艾斯普罗工作了好多年。我的另一位朋友为了好玩，在白天交易摩根士丹利资本国际（MSCI）新加坡指数期货［它与海峡时报指数（STI）几乎完全相同］。我想这份收益还不足以支付他的账单，他每月用年金来付账，他只是喜欢它带来的刺激。

赌徒输光定理

假设你有一些钱。与一个拥有无限赌本的对手玩对半下注的赌博。你知道，如果继续玩下去，你将输光所有的钱吗？如果你不知道，那你也许就不应该进行衍生品交易。

这个定理被称为"赌徒输光定理"，意思并不难理解。如果让你掷硬币，那么出现正面或背面的概率都为50%。假设你和一个对手玩一个游戏，你猜对了结果，从他那里赢了1美元，反之亦然，当你们中的一个人破产时，游戏就结束了。如果你和你的对手一开始都有相同数量的美元，你们中的任何一个人破产的可能性都是相同的。

现在，如果你的对手带着更多的钱进入游戏怎么办？假设你一开始有5美元，而你的对手有15美元。谁把钱输光的可能性更大呢？当然是你了。在数学中，你破产的概率是通过公式$N_2 / (N_1 + N_2)$来计算的，即你对手的金额（N_2）除以你的金额（N_1）和他的金额（N_2）的总和。在这种情况下，意味着你破产的概率是15/（5 +15）=75%。

而根据同样条件，他的破产概率是5/（5+15）=25%，可见，你们之间破产概率的高低差距悬殊。虽然说你仍然有机会（25%）赢得对手所有的钱。然而，根据公式的前提条件$N_2>N_1$，你获胜的概率总是小于50%。总之，你失败的概率更大。

那么，如果你的对手持有的赌本更多，比如说100美元，会发生什么呢？你破产的概率现在就是100/（5+100）=95%！你的对手一开始比你拥有的金钱多得越多，你最终失去所有钱的概率就越高。如果与一个拥有无限赌本的对手比赛，这种概率将达到100%，也就是说，这场游戏肯定会以你的破产而告终。

这就是你在赌场赌博时遇到的问题。因为赌场实际上拥有无限的资金，你可以没完没了地赌个不停，直到最终输光你所有的钱。

我在前面谈到过，我曾经和一个想碰碰运气的同事去过赌场。我不记得他当时是怎么做的，但我记得有一个轮盘赌，它看起来是这样的：共有36个球洞，18个是红色的，18个是黑色的，在轮盘旋转时，小球可能落入任何一个球洞中。还有一个绿色的标记为0的球洞，但我们暂时将它放在一边，在这里就不多说了。我们先假设，每一次旋转时，球落入红色和黑色球洞的概率都为50%。

肯定有赌徒认为，如果球连续3、4或5次落入黑色球洞，那么下一次旋转落入红球洞的可能性就会大于50%。其实这种想法是不对的。1913年，在蒙地卡罗赌场发生了一次赌博史上的著名事件，至今仍有人在谈论这一事件。轮盘球不断地降落在黑色上，并在大约连续10次后，赌徒们开始往红色上面堆钱。但事实上，黑色连续出现了29次（有些人说是26次，但这并不重要）。一位数学家计算出，其概率接近1/136823184。虽然不可思议，但它确实发生了，这件事被称为蒙地卡罗谬论——更普遍的叫法是"赌徒谬论"——这个定理告诉我们，过去的随机事件不会影响未来同样的随机事件发生的概率。在任何一次旋转中，球落在红球洞与黑球洞的可能性都是50%。

你以为戴上你的幸运领带，或者用你的车牌号作为投注号码，就能影响你的赌博结果吗？数字规则不是这样的。当然，我们都知道某个幸运的大叔曾经中过彩票，然后就理所当然地认为这种幸运也会发生在我们身上。而事实是，如果你一直玩对半下注的赌博，你将会输光所有的钱。

也许有人会反驳道：那些"职业赌徒"呢？他们是怎么做到的？一般来说，我认为职业赌徒是一个神话——那些扑克牌玩家除外。因为扑克牌玩家不会和赌场玩，玩家们之间进行比赛。而且在一个真实的扑克游戏中，牌技对结果的影响更大。就像在网球或羽毛球比赛中，影响结果的主要是球员的球技一样。如果我和林丹打羽毛球，他赢的可能性更大。那是因为他球技更好。这与旋转轮盘赌博或在老虎机上拉把手等碰运气的游戏不同。

你是在赌博还是在投资？

我在这里详细讨论了关于赌博和概率的一些问题。这是因为对许多人来说，金融界就像个大赌场。演员乔治·克鲁尼（George Clooney）说："我更喜欢投资房子。股票市场就像拉斯维加斯赌场，而且还没有像歌舞女郎那样有趣的东西。"是的，即使是金融行业的一些参与者也很难区分赌博和投资。但这两项活动似乎吸引了同一批人。

在不久之前，我在一个投资研讨会上，和一个年轻人交谈，他告诉我，他去那里是为了快速致富。我说我能理解，像你这样的年纪，很难有耐心去等待财富积累，而只想马上就拥有一切。他又告诉我他的很多朋友都赌博，尤其是在足球比赛上。然而，这就让我无法理解了。足球赌博当然不是一场50比50的游戏。在足总杯上，当来自英超的曼联遇到来自英甲的韦尔港时，他们获胜的可能性更大。但赔率弥补了这一点；博彩公司计算出有利于自己的赔率，以确保自己总是赢家。从长远来看，博彩公司总是赢的。

还记得轮盘赌上的绿色零点吗？当球落在那里时，赌场就会清理桌子上的钱。50比50对赌场来说是不够的——他们在轮盘上安装了一个安全阀，为自己增加了1/37（2.7%）的利润。2015年第二季度，新加坡滨海湾金沙集团的胜率为2.78%。这一比率低于第一季度的3.34%。这个胜率，也就是赌博行业中所说的"持有率"，似乎是该行业的典型。他们的营业额十分巨大，哪怕只有3%的持有率，他们每个季度都可以赚数亿美元。

而银行与金融研究所所说的零和博弈的期权交易呢？它也不完全是50比50。进行交易就需要向交易所或提供交易平台的公司支付费用。在新加坡，新交所从衍生品交易费中赚的钱比从"真实"证券交易中赚的钱还多。所有这些都必须由参与者，即交易员支付。这些费用可能看起来很小，也许每笔交易15美元或20美元，但它们加起来就会侵蚀你的利润。在第八章中，我们将更仔细地研究如何在实践中进行你的交易。

　　我有朋友相信衍生品交易。他们出售期权来对冲投资组合风险，并在市场波动不大的平静时期增加现金流。这对他们有好处。但有金融业内人士告诉我，兼职的日间交易者，即在家用电脑上工作，并在一天结束时完成每一笔交易的自由交易者，很少有做得好的。他们警告我，外面的公司在兜售贸易培训课程和分析软件时，暗示你很快就会成为百万富翁。兼职投资者傅梅文对《海峡时报》说："我在3个月内损失了5000美元。如果我没有销户，可能会损失更多。我可以告诉你，10个人当中，就会有10个人会因此而蒙受损失，特别是在他们的前6个月至1年的时间里。"其他媒体报道也证实了这一点，盛宝银行（Saxo Bank）是丹麦的一家专门进行网上交易的银行，在该行开设交易账户的大多数客户在前6个月内损失了所有的钱。

　　我不是想说盛宝银行的是非——实际上，我在那里也有一个交易账号。我只是想说，在你开始进行衍生品交易之前问问自己：你真的认为，你可以击败这个游戏中的专业交易员吗？因为这些数字已经对你不利了。投资会涉及很多事情，但它首先是一个数字游戏。你无法控制它，你必须理解并尊重它是如何运作的。

　　一旦你尊重这些数字，你就开始理解它们了。在你的投资决策中，你可以考虑更广泛的经济环境，以及你自己的主观观点和价值观。

　　幸运的是，并不是所有的投资都是50比50的抛硬币游戏。有一些工具可以产生可靠的价值。现在让我们来看看其中的一些选择，首先是商品。

第五章　投资

沃伦・巴菲特
Warren Buffett

风险来自你不知道自己正在做什么！

商品交易

在前一章的结尾处，我们提到了商品。这是因为大宗商品大量使用期货和期权等衍生品进行交易。商品其实只是物件；"货物"一词在贸易中广泛使用，与各种不同质量与设计的日常消费品不同，商品是统一的货物，一桶原油或一蒲式耳小麦在世界各地基本上是一样的。

正如我们之前所看到的，商品并不相同，为了方便起见，它们往往被分成各种类别。吉姆·罗杰斯在他创建的罗杰斯国际商品指数（Rogers International Commodity Index）中，就使用了三个子指数：农业（35%）、能源（44%）和金属（21%）——其中百分比是每个细分市场的主要指数中的权重，它们给出了每个细分市场的交易量、流动性和公开利率的信息。金属通常分为两类：一类是贱金属（或工业金属），如铜、铁、铅和镍；另一类是贵金属，如金、银和铂。

即使不直接投资于任何特定的商品，普通投资者也会通过时不时地关注市场，做得很好。这是因为大宗商品的价格、供求关系会告诉你很多关于更广泛经济的情况。例如，有些分析师特别关注铜价，将其视为一种领先指标（图2）。的确如此，2012年之后，铜价逐渐下跌，随后，中国经济放缓。大部分铜都流向了中国市场，在那里被用于房屋和工厂扩建的布线和管道。观察人士本应留意这些定价信号，并对2015年晚些时候的股市收缩做出预警。

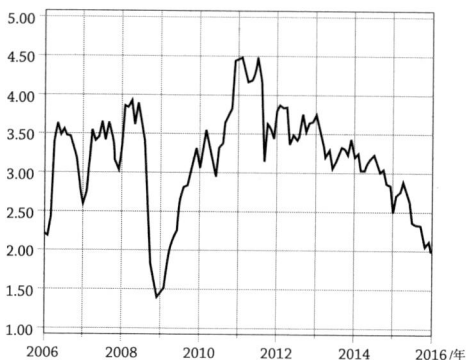

图2　2006—2016年铜价

　　在商品领域，库存也受到密切关注。库存的增加往往表明供大于求，并在商品价格下跌之前出现。因此，当发布的新统计数据显示库存增加时，交易员会将其作为卖出的信号。

　　尽管经常被统一称为商品市场，但每个商品市场都是不同的。糖等大宗商品的价格往往是由供给驱动的，而不是由需求驱动的。这是因为糖和石油产品等必需品的需求往往缺乏弹性，而对黄金等其他商品的需求往往富有弹性。

了解一点微观经济学

要理解这一点，我们需要简单了解一些微观经济学的基础知识。正如我们在第三章中看到的，宏观经济学研究的是宏观主体的情况，微观经济学是经济学的一个分支，涉及微观主体，如企业和消费者、供求和价格形成。

人们凭直觉就知道，当你降低一件商品的价格时，需求就会上升，对吗？但是，增长量会有多大？解决这个问题就需要了解弹性的概念。

当然，也有些商品需求在价格下降时出现需求下降的情况。例如，具有显著"势利价值"的奢侈品。如果劳斯莱斯汽车（Rolls-Royce Motors）降低了豪华轿车的价格，那么富裕的阿拉伯人可能就不想买了！除此之外，可以肯定地说，当价格下跌时，需求将上升，反之亦然。

让我们用Q表示需求（数量），用P表示价格，则总收入为P×Q（图3）。当P的减少使Q增加到使PQ上升的程度时，称需求富有弹性，即弹性系数（E）大于1。这是因为E=（$\Delta Q/Q$）/（$\Delta P/P$），其中ΔQ表示需求量的变化，ΔP表示价格的变化。或者你也可以使用百分比变化%Q作为分子，%P作为分母。若价格下降10%，但需求增加20%，则E=2，PQ将比以前更大，因此需求富有弹性。当需求曲线向右倾斜时，弹性实际上是一个负数，但通常忽略这一点，仅使用数值。

还请注意，弹性不是需求曲线的斜率。由于弹性系数E是百分比变化的比率，因此在需求曲线不同位置处的弹性会有所不同。如果需求曲线是一条直线，则E在中点处为1，在中点上方大于1，但在中点的右侧和下方低于1。因此，较低价格的商品的需求往往缺乏弹性。

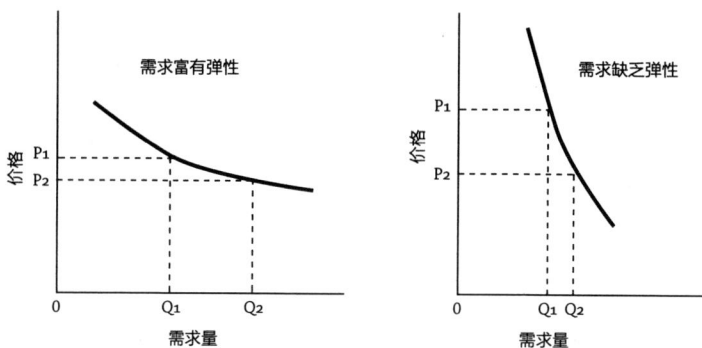

图3　需求价格弹性

左图显示的是需求富有弹性的情况。随着每件商品的价格下降，总收入增加（$P_2 \times Q_2$ 大于 $P_1 \times Q_1$）。右图显示的是需求缺乏弹性的情况（例如，大米和原油等商品），随着价格下降，总收入（$P \times Q$）会变小。

通过对一些消费品的需求价格弹性的计算，你会发现必需品（或烟草一类的感知商品），一般E<1，而奢侈品则E>1。更为有趣的是，在美国，商务旅行E=−0.3，而观光旅行（显然不那么重要）中E=−1.5。（如上所述，你可以忽略所有这些值中的负号。）在美国，大米的E=−0.55，而在日本大米的E=−0.25！可口可乐的E=−3.8，这意味着，如果价格上涨10%，那么需求就会下降38%；让我们面对现实吧，你真的不需要那些软饮料！

正如有需求价格弹性的概念，也有供给价格弹性的概念（图4）。供给价格弹性衡量价格变动时供给量的变动情况。在供给价格弹性坐标轴中，纵轴表示价格，横轴表示供给量，供给价格弹性曲线往往会向上倾斜，即随着价格的上涨，生产商将倾向于增加产量，从而增加供给量。需求通常对价格变化做出快速反应，供给往往反应较慢，经济学家在计算相对于价格的供给曲线和需求曲线将在何处交叉时，会分为短期均衡和长期均衡两种情况。

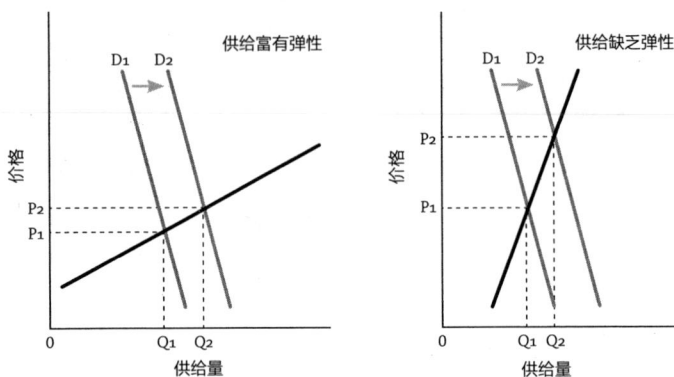

图4　供给价格弹性

供给曲线具有正的斜率。如图所示，如果价格上升（P_1到P_2），供应量也会增加（Q_1到Q_2），但如果供给富有弹性，相对于价格变化量，供给量增加得更多，如右图所示。

我们现在可以将需求曲线和供给曲线绘制到同一幅图中。它们会在某个点相交，其代表供需均衡——供需的最佳平衡关系。你可以任意上下左右地移动曲线，计算假设的价格、供给和需求情况。微观经济学家喜欢这种东西。而宏观经济学家亦是如此，当考虑到政府以销售税的形式进行干预时，他们想知道这将如何影响税收收入。提高销售税税率实际上可能会减少而不是增加税收总额，对吧？这可能发生在需求富有高度弹性的商品上，比如假日旅行和可口可乐！

好的，现在列举的也够多了。这些信息大部分都可以在互联网上找到；那些真正感兴趣的读者应该买一本保罗·萨缪尔森的书——没有人比他更精通这些内容。

石油的案例

既然我们已经了解了微观经济学的基础知识，那么让我们来看看大宗商品领域的一些案例。然后你就会明白为什么弹性的概念不仅仅是枯燥的数学问题，而且如果你想了解投资领域的情况的话，它是至关重要的。

首先，介绍最重要的商品——石油。为什么说石油是最重要的呢？这是因为，自石油首次投入使用以来，基本上一直是人类进步的驱动力（有可能是借口）。它的重要性真的不容小觑。正如我们在第三章所看到的那样，工业革命始于1760年的欧洲。但实际上有两次工业革命。第一次工业革命是由木材和煤炭转化为蒸汽的能量驱动的，它一直持续到1850年左右。然后发生了第二次工业革命，它的特点是将生铁精炼成钢，开始大规模生产消费品，化学工业的兴起……而且都是由石油驱动的。在19世纪末，石油被大规模地转化为电能，随着汽车、卡车、柴油火车、柴油船和飞机的出现，人口的流动性骤增。

原油及其产品的动力和便携性让人吃惊。你曾经试过把车推上坡吗？我就试过，但这并不容易。只要一升汽油，就能让它冲上坡顶，还能接着再开20千米，即便车里面载着5个人以及他们的行李。

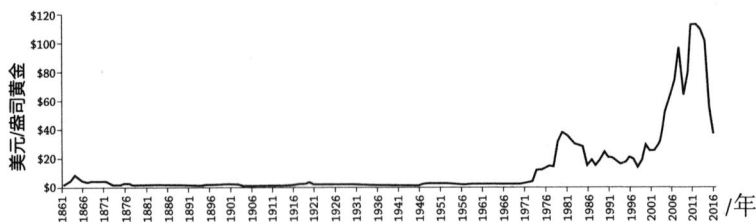

图5　1861—2016年历史油价布伦特原油（名义价格）

正因为石油对我们来说如此重要，所以它也是值得关注的主要商品。它给人类带来了巨大的利益，但同时也是引起重大的金融和社会动荡的原因。1970年，当我拿到驾照时，原油的价格大约是每桶3.30美元。从我出生之前起，它就一直在这个价格附近徘徊，我们从来没有想过以后会有什么不同。我们从中东得到了石油，当地人只是把一根稻草插在沙子里，然后所有廉价的石油都涌到了地表。美国公司会收集和处理这些原油，并向我们出售精炼的产品，我们一点儿也不用担心没有石油可用。

当时丹麦的道路还没有限速，同期的大多数其他国家可能也没有。在城镇里是有限制的，但在城镇之间你可以根据路况调整你的速度。我母亲的车跑不快，所以最高速度对我们来说从来都不是什么大问题，而且路上也没有那么多车，不会引发撞车。

1973年赎罪日战争（Yom Kippur War）的发生，改变了这一切。同年10月，埃及和叙利亚对以色列发动突然袭击，夺回了他们在上一次战争（发生在1967年）中失去的领土。最初，以色列感到极为吃惊，准备使用核武器。但由于美国向其提供了新的常规武器，他们迅速扭转了战场上的局势，经过几周的激战，战争陷入了僵局。

为了惩罚向以色列提供帮助的美国，阿拉伯国家宣布对美国以及英国、日本和加拿大等美国的主要盟友实施石油禁运，这些国家都严重依赖廉价的进口石油。当时，美国国内石油产量已经开始下降，因此一开始就出现了石油短缺的情况。最重要的是，随着布雷顿森林货币协定的破裂，一场金融危机正在发生。从1944年确立布雷顿森林体系到1971年，美元一直与黄金价格挂钩。但美国尼克松政府放弃了这种盯住美元的政策；美国的黄金就快用完了，不能再继续以每盎司35美元的价格兑换黄金。此后，美元被允许自由浮动并贬值，损害了以美元计价的原油出口国的利益。

随着石油禁运的实施和美元贬值，到1974年初，原油价格从略高于3美元迅速上涨到12美元以上。这一事件被称为"石油危机"，可以肯定地说，从此之后西方世界再不像过去一样。至此，我们才真正意识到，我们多么依赖中东沙漠的廉价能源。此时，炼油和供应链遇到瓶颈，加油站开始排起长队，恐慌模式就此开始了。当时我在加拿大，公路沿线开始出现路标，敦促人们节约汽油。"这次旅行真的有必要吗？"是我喜欢的一个标语；他们应该在所有的道路上永久地留下那些标志。

但人们历来善忘。石油禁运于1974年3月解除，虽然此后油价从未跌破每桶12美元，但市场很快就进行了调整。

直到1979年"第二次石油危机"的到来，油价又涨了2倍。这场危机是由于伊朗国王的倒台以及重要生产商的供应减少造成的。接着是两伊战争，使石油市场供不应求，石油价格一直居高不下，这种情况一直延续到20世纪80年代后期。

1979年石油供给量下降的幅度并不大，可能只有4%左右。但要理解其为何产生如此深远的影响，我们需要运用我们新学的供给与需求价格弹性的知识；原油价格对供给和需求的影响都很低。我们来看看前面提到的对一些商品的调查，在参考油中，需求价格弹性E为-0.4，远远低于1。更值得注意的是，精炼产品油（或汽油）需求价格弹性短期内E=-0.09，长期内E=-0.31。这与其他研究相吻合。如果汽油价格下跌20%，我们最初的使用量只增加2%，随着时间的推移，只会增加6%。反过来，当汽油价格上涨时，我们使用量的变化也很小。这就是汽油可以作为一个很好的单独征税项目的原因；不管价格上涨多少，我们都会继续开车并加油。

供给对油价变化的反应更加缓慢。一位观察者计算出，2006—2010年期间世界石油市场的供给价格弹性仅为0.02，这意味着如果石油价格下跌，它必须在供给做出反应之前下降很多，反之亦然。如果陡峭的需求曲线在价格/数量图上向右移动一点，那么它将会在更高的价格点穿过供给曲线。

这就是我们的油价出现如此巨大波动的原因。20世纪70年代，价格上涨是供给量小幅减少造成的。最近，需求量一下降，价格就崩溃了。如果你看到油价从2008年开始急剧下跌（图6），那么你当时就会做好准备，迎接2008—2009年刚开始的严重的经济衰退了。

图6　最近的石油价格发展，1987年—2016年
布伦特原油（名义价格）

同样，在2014年7月之后，油价突然大幅下跌，从每桶100美元以上半年后下跌至50美元以下。与2008年一样，这主要是需求方面的问题造成的。近几十年来，世界原油总产量一直稳步增长，2010年后的几年总产量与消费量相符。2014年第四季度，需求已增至9500万桶/天，由于中国和其他地方经济增长放缓，需求又下降至9300万桶/天；而石油需求量的少量下降导致石油价格下降了50%以上！

回首过去，我不记得有哪位金融分析师预见到了2014年初的这一重大转变，但有很多能说会道的负责人会在事件发生后积极地解释其发生的原因。石油供给量迟早会下降，除非我们找到真正可用的石油和汽油的替代品，否则我们将会遇到新的供需不平衡和新的能源危机。

原油的两个价格易被人混淆，布伦特原油来自北海布伦特地区，是欧洲石油的价格，而纽约商品交易所（NYMEX）的西得克萨斯中质原油（WTI）是美国使用的基准产品，由于存储和运输的问题，每桶原油价格通常要便宜几美元。

因此，到目前为止，我们都已经习惯了原油市场一再给我们造成的破坏。这是我们必须接受和习惯的事情。我们再也见不到3美元的石油了，我们所有的道路将永远限速（除了德国）。现在，我住在新加坡，虽然我的车完全可以在10.4秒内从0加速到100千米/时，但在新加坡的任何地方，都不允许车开太快，所以这有什么意义呢？城市交通的平均速度不到30千米/时，大约相当于一辆自行车的速度。在本书的结尾，也就是在第十章中，我们将考虑能源企业对环境的额外影响，以及对金融和经济的总体影响。

黄金的案例

另一种值得关注的商品是黄金。为什么黄金很特别？嗯，它是一种矿物，一种地球上的非有机的成分。它也是一种化学元素，一种只有一种原子组成的纯物质。金属是一种导热性和导电性都很好的化学元素，而黄金是一种金属。虽然不是最重的金属，但它的密度非常高。黄金被认为是一种珍贵的（或贵重的）金属，因为它很稀有，而且不会像贱金属一样被氧化和腐蚀，比如铁和铜。事实上，它根本不会与水和空气发生任何反应，从海底的一艘400年前的船上打捞出来的金币看起来仍然像新的一样。黄金也是所有金属中最具可塑性和延展性的。令人难以置信的是，仅仅一克黄金就可以被打制成一平方米大的盘子或拉制成一根2.5千米长的细丝！

我们都知道是什么让黄金与众不同：它很漂亮！没有什么金属的颜色能比得上纯金，那浓郁的橙黄色充满了诱惑力。当然，这种颜色因用途而异，因为黄金常被用于各种合金中。正如大多数人所知，99.99%的纯金是24克拉，75%的纯金是18克拉等。黄金可以与10%的铜混合，使其更红，又或者与10%的镍或钯混合，使其成为白金。

数千年来，人类对黄金已了如指掌，它既可用于装饰，也可用于价值储存。但正如前面第三章中提到的，大约500年前随着重商主义的兴起，才真正发现黄金在货币方面的价值。

金融市场中的黄金

那么，你应该投资黄金吗？正如你所知道的那样，黄金多年来一直被用作货币，特别是在整个19世纪各阶段的"金本位制（Gold standard）"期间。我收藏了一些来自丹麦的金币，它们的价值为10克朗和20克朗，现在你仍然可以在丹麦央行的在线商城买到它们。在1913年第一次世界大战开始时，国民银行不得不废除金本位制，留下了数以百万计的这种硬币。用一枚含金量为4.03克的10克朗的金币兑换一张10克朗的纸币已不再可行。这是他们做的一件好事——当前在丹麦，10克朗纸币甚至不够购买一份报纸或一张公共汽车票的钱，而10克朗的金币在银行的出售价格为1400克朗（约合211美元）！如果你的曾祖父在100年前在你的床垫下面留下这样一枚硬币，那么你的年复合回报率将达到7.5%，还是很不错的。

图7　1960—2016年历史黄金价格
（名义价格）

最后一次实施金本位的尝试是在1944年布雷顿森林体系协定期间，其失败与所有其他金本位制失败的原因相同：央行需要扩大的货币供应量远远超出了黄金市场的承受能力。在1971年之前，美元与黄金以每盎司35美元的固定汇率进行交换，因此美元与黄金挂钩，其他货币与美元挂钩。这个体系表面上看起来很好，但当其他国家，尤其是瑞士和法国，开始用美元兑换黄金时，它就崩溃了。而美国则由于失业、通货膨胀、越南战争和其他管理不善等原因深陷债务困境。1973年，美国试图将美元贬值至每盎司42.22美元，从而更长时间地坚持金本位制，但这还远远不够。第二年，黄金被允许自由定价，很快就涨到了每盎司160美元；由此可见之前美元被高估的程度！1976年之后，所有关于金本位制的内容都从美国法律中删除了，此后黄金价格一直没有跌破200美元/盎司。

黄金将永远不再是货币标准。有人通过计算得出，目前的黄金价格应该在每盎司10000美元左右，才可以与我们的法定货币供应量相匹配。但这种转换没有任何意义，而且也永远不会发生。

然而，世界各国的央行仍将黄金作为其储备的一部分；它仍然被认为是一种价值储存手段。尽管中国和俄罗斯等其他国家最近一直在增加对黄金的储备，但美国拥有迄今最多的黄金，约8000吨。出于安全原因，其他国家将大部分黄金储存在美国，并存放在纽约曼哈顿联邦储备银行和肯塔基州诺克斯堡金库这两个地方。然而，德国多年来一直想收回他们的黄金，但美国政府却极其不愿让他们查看自己的黄金储备，所以这引起了普遍的质疑，比如，黄金还在吗？

回到开始的那个问题，应该投资黄金吗？沃伦·巴菲特可不这么认为。他曾说过："投资黄金是一种会让人长期恐惧的投资方式"。"黄金被人类从非洲或其他地方挖掘出来，然后我们将它熔化，铸成金砖，再挖个大洞（这里是指各国央行的地下金库）将它们都埋了进去，还必须要花高价雇人看守。任何火星人看到这个事情都会百思不解。"

保罗·克鲁格曼则更进一步。他在《纽约时报》上写道：我们应该干脆停止开采更多的黄金。我们不需要它，已经有很多了，基本上不值得再为它危害环境。请试着让自由港麦克莫兰、巴里克黄金或阿拉斯加布鲁克斯山脉的那些矿工们停止开采吧。

"如果你有1盎司黄金，你把它放起来，等100年后你仍然只会有1盎司的黄金。"反对黄金投资的观点是这样的。而彼得·希夫（Peter Schiff）（他恰好拥有一家出售金条的公司）和其他像他一样的人认为黄金是一种价值储存手段，可以抵御通货膨胀和法定货币贬值。

就它的价值而言，我个人的看法是：可以出于个人的兴趣，拥有一些黄金。保留它是因为它是一种具有历史意义的美丽矿物，也许还有一些内在价值。法定货币存在与现实完全脱钩的风险。虽然这样的风险很小，但毕竟存在。

你可以通过购买黄金ETF基金来投资黄金；在新加坡大华银行广场的大华银行分行提供多种金银储蓄账户和证书，以及实物黄金买卖的业务。市场上也有规模较小的私营企业，或者你可以购买黄金首饰。不管以哪种方式，用资产的2%、3%或5%投资黄金，以对冲通胀，正如黄金交易被称为"世界末日"的交易。虽然，我真的不相信保险，但在这种情况下我会破例。购买防止恶性通货膨胀的保险！不要期望有很高的回报，只要把黄金当作另类投资就可以了。

另类投资

这个术语通常是指在股票、债券或现金等之外的投资方式。请注意，投资术语中的"现金"既指那些纸币和硬币，同样也指现金等价物，如流动性银行存款、公司商业票据以及其他货币市场产品，包括一年期以下的政府债券。

然而，在这本书中，我们会特别关注房地产，因为债券市场与房地产融资密切相关，所以我们将房地产与债券放在一起。我们还分别对衍生品和大宗商品进行了更详细的研究。因此，对于另类投资而言，只剩下一些不属于这些类别的资产。让我们看一下这类资产中较为重要的几种形式，你可能会考虑将它们作为投资的另一种选择，以分散你的风险敞口。

艺术品

当富人们想在墙上挂点儿装饰品的时候，他们就会在苏富比的拍卖会上花几百万美元买下毕加索或者莫奈的作品。过了一段时间，当他们计算自己的净资产时，这些画的价值已经上升了。富人就是这样变得更富有的。而我们其他人呢，只会在当地的艺术品商店中买一幅漂亮的画，当我们搬家的时候，忽然意识到它并没有任何内在的价值，最终却把它送给了那些搬家的工人！

尽管如此，请记住，就像投资界经常发生的事情那样，人们乐意告诉你的，只有他们成功的故事。壮观的艺术品拍卖和大型估价都成为新闻。而幕后的失败以及可疑的交易都不为人所知。除非你真的有数百万，否则我还是同意尚恩·费罗的观点，正如她在2015年为《业内人士》撰写的那样："购买艺术品就如同在一个流动性差又阴暗的领域里赌博，由少数玩家控制着，他们肯定比你知道得多。价格下行的风险比业内任何人预料的都更为普遍。"不仅价格不可靠、不透明，你还要为交易支付比定价本身更多的费用：经销商的加价、拍卖行的费用（通常为15%～25%），以及运输和保险费用。

收藏品

我的妻子收集邮票和钞票，但我并不打算向想要获得高回报率的投资人推荐。与其他商品一样，收藏品实际上并没有任何价值；你之所以认为它们存在价值，是因为有其他人出于某种原因比你更想拥有它们。我们喜欢野生鸟类和动物，所以我的妻子有一张非常漂亮的非流通纸币，上面有栗鸢的图案，它的面额是1000新元。我在eBay上看见有一个人在出售，售价为1999新元。虽然它实际价格比较低，但我认为还是会有人购买它的。自1978年开始发行纸币，至今（2016年）1000新元增长到1999新元，复合年利率为1.84%。如果我妻子现在只以1400新元的价格出售（一个更靠谱的价格），那么复合年利率将只有0.89%。虽然有所收益，但这样的收藏品回报率并不是那么令人动心，不是吗？

和艺术品一样，收藏品也是你应该收集的东西，如果你有兴趣的话。如果你喜欢花哨的手表、稀有的硬币、初版书籍、美酒、体育纪念品等，那么就尽情收藏吧。作为价值储存的方式，它们很可能比鞋子、手袋、科技小玩意和大多数其他批量生产的消费品要好——只是不要仅仅为了赚钱而购买它们。但你也要做好心理准备，那就是这些收藏品的回报率可能很低，甚至几乎没有。你可别想着让它们超过政府发行的债券。

比特币

一种新型的数字金融工具，受到一些交易者和投资者的青睐。事实上，比特币只是许多不同的加密货币中的一种，尽管在交易和总市值方面是最大的。对于比特币这样的东西的未来，目前还没有定论。它是否会像一些顾客所期望的那样，被广泛接受为支付和价值储存的工具？还是会像别人预测的那样崩溃和化为灰烬？就我个人而言，我没有任何比特币，我根本不知道它们的价值；但无论如何，如果你相信数字货币可能成为未来的最佳选择，那就一定要研究这个复杂的问题。

碳信用

碳信用市场发生了什么？2007年，巴克莱资本（barclays capital）驻伦敦的一位交易员路易斯·雷德索（louis redshaw）对《纽约时报》表示："碳信用将成为全球最大的大宗商品市场，并可能成为全球最大的整体市场。"现在，我们仍在等待这种情况发生。

碳信用是一个新颖的想法。通过对与空气混合的碳（如二氧化碳）定价，提高污染者的排放成本以降低碳排放。碳信用额以二氧化碳当量为计算单位，价格以欧元报价（与石油和黄金市场的价格以美元计价不同）。交易时可以选择场外交易，也可以通过纳斯达克或欧洲能源交易所等受监管的交易所进行。

卖方可以是一家通过转向可再生能源或捕获和回收碳排放来减少碳足迹的企业，而买方市场则分为两类：一类是像燃煤电厂等污染企业，被迫通过监管以抵消其碳排放；这就是所谓的遵约市场，主要是在欧洲，那里有严格的规则以遵循《京都议定书》和随后的后续立法。信贷的其他购买者将是志愿者，就是希望抵消其"碳足迹"的公司、协会或善意的个人。也许你已经坐了很长时间的飞机，你想通过购买碳信用额来"弥补"刚刚造成的飞机燃料气体。你可以通过捐赠一些钱（通过购买碳信用额）给第三世界种植更多森林树木的项目来实现这一目标。

一段时间以来，碳信用被誉为金融创新的下一个重点。我记得在东京，一个讲话流畅的家伙多次热情地给我打电话，他的英语口音无可挑剔。那大概是在2011年左右。他告诉我碳价格将如何走高；我只需给他的团队投资5万美元，很快就会把钱翻倍。我特地调查了一下，四处询问，想看看这到底是怎么回事。如果你赚到一笔钱的同时也做了好事，为什么不呢？然而，在关键时刻，有人强烈建议我不要参与其中，所以我也没有投资。碳价格随后不久暴跌，从16欧元降至8欧元（图8）。打电话给我的日本公司很可能已经不存在了。这使得唐纳德·特朗普的说法成为事实："有时候，你最好的投资是不投资。"

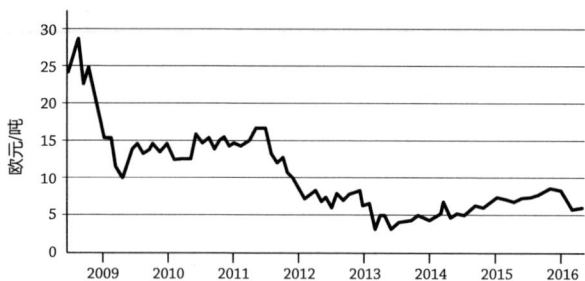

图8　欧盟排放交易系统（ETS）碳价格

但是，如果你对气候变化谈判、碳控制立法和相关投资机会这个有些复杂的领域感兴趣，那么你可能在这个领域找到一些投资升值的空间。

热带雨林

购买土地用于投资是一个和资本主义本身一样古老的概念。和1896年晚些时候育空淘金热等后续事件中的大多数淘金者不同，1848年加州淘金热中的许多金矿开采者实际上取得了相当大的成功。他们当中的很多人都用黄金购买了附近的土地。1846年，旧金山只有大约200位居民，但在东北山区发现黄金后，旧金山迅速发展，到1870年，旧金山已有15万位居民。那些将黄金转化为土地的矿工做得非常好，在海湾地区建立了家族王朝和商业帝国，并一直延续到今天。

当然，并不是所有的土地投资都是这样进行的。但在当今时代，我们真正缺少的是能够保护生物多样性和从大气中捕获碳的热带雨林。目前尚不清楚我们如何将热带雨林保护货币化，并从这些问题中获利，但我相信这是可能的。我们将在第十一章稍后讨论可持续和负责任的投资（SRI）的问题。

应该或不应该？

有一些投资者对大宗商品极其信赖。像吉姆·罗杰斯这样的反向投资者似乎对它们很在行。反向投资者放眼未来。他们并不关心每天、每周甚至每月的资产价格。正如麦嘉华2015年在接受亚洲新闻台采访时所说的，他们准备担任一项职务，任期将长达5年之久。他们相信，基本面最终会证明他们是正确的。吉姆·罗杰斯认为我们正走向一个食物短缺的时代；他说，在美国，甚至连农民都缺少粮食；很可能是这样，我们稍后将看到这一点。我们的农场用地质量的确很差。然而，从投资的角度来看，这种短缺可能需要数年时间才能显现出来，并体现在更高的食品价格中。

和所有的投资一样，你要先了解投资的真实情况，然后再选择一个你认为对你有利的。有些基金允许你投资农田；有些ETF（交易所交易基金）则允许你在任何你能想到的领域中分一杯羹。稍后，我们将更详细地研究ETF与普通共同基金的区别。现在只需考虑ETF将跟踪的资产类别。甚至还有反向ETF，当市场下跌时，这些ETF就会上涨。这样当你觉得某些商品很快会贬值时，你可以做空它们。

沃伦·巴菲特曾公开表示：当你购买诸如艺术品、收藏品或任何其他类似的东西时，你基本上是在依赖其他人，你希望在未来，有人付出更高的价格来购买它们。在YouTube上众多的巴菲特视频中都有这样一段话："有两种类型的投资：一种是产生收入的投资；另一种是你希望别人将来能出更高价格的投资，我不知道如何判断这种投资的价值。"

换句话来说，商品和其他东西的价格是主观的、不可预测的。商品本身是好的，但你持有它，不会产生任何有机价值。这就是为什么巴菲特在他的采访和年度股东信中一再重申，他的建议是投资于上市公司、农场或建筑物。在一次采访中，他这样说："不要根据新闻交易，只要拥有一个经营良好的企业，或者一个农场，或者一个租赁大楼，都能为他们的主人创造真正的生产价值和现金流。下一步我们将考虑投资建筑。"

第六章 债券和财产

道格·拉森
Doug Larson

现在人们的寿命比以往任何时候都要长，这对 30 年的抵押贷款来说，无疑是必要的。

固定收益市场

　　记得在前一章的结尾处，我引用了沃伦·巴菲特的话，你应该拥有三种值得投资的东西中的一种：一个经营良好的企业，或者一个农场，或者一个租赁大楼。这是因为这三种东西中的任何一种都能让你的钱增长，我们就来说说农场吧。但是，对于大多数人来说，拥有一个农场并不是真正可行或实用的，我们先把这个选择忽略掉吧。

　　最后留给我们的只有两个选项：（1）一个经营良好的企业；（2）房地产。事实上，巴菲特曾建议，如果你有一些钱可以投资，但你又不想把所有的时间都花在分析各种公司及其业绩上，你应该将90%的资金投入跟踪美国标准普尔500指数的基金中，其余的资金再投入债券中。这就是最佳配置率吗？我们可以稍后讨论这个问题；而且，你可能想买入一只跟踪当地股市而不是美国市场的基金。但总的来说，巴菲特是正确的：这是一种保护你的财富、增加你的储蓄并最终实现财富自由的方式。

　　我们将在下一章更详细地研究如何投资股票和公司。现在，让我们来看看你应该如何投资债券和房地产。

债券基础知识

那么，作为投资工具，债券和股票有何不同呢？我提到过史黛西·约翰逊（Stacy Johnson）和他早些年撰写的小书《生命还是债务》（*LIFE OR DEBT*），约翰逊是一名财经记者，而不是一名学者，他喜欢以友好而简单的方式提出自己的主题。他在书中说，作为投资者，你要么是债权人，要么是所有者：作为一个债券投资者，你借钱给别人；作为一个股票投资者，你拥有一份企业的所有权。

这是一个重要的区别。债券是根据建筑物、库存品或其他资产等抵押发行的；如果借款人无力支付，你作为贷款人有贷款担保。作为企业主或股票投资者，你没有这种担保。如果你投资的业务破产，通常债券持有人是在员工和供应商之后获得偿付，股东是最后得到支付的，或者可能根本得不到支付。

根据银行和金融研究所（IBF，2013a）的说法："债券是一种债务工具，要求发行人在指定日期向债券持有人（即投资客户）支付特定款项。通常付款周期为半年一次，会定在每年的6月1日和12月1日付款，但为了简单起见，让我们在这里假设付款周期是每年一次的。这种类型又称作附息债券。本金是债券的原始价值，即所谓的票面价值。到期时，债券将以其全部金额赎回，即你将以票面价值收回贷款。

实际上债券有三种类型：第一种为一年或更短时间到期的货币市

场工具。对于这些债券，年度息票支付实际上没有意义，因此债券只是以折扣价出售。100美元的债券可能以98美元的价格出售，在到期时为你提供2美元的利润。你的收益率，即你的年投资回报率，将是2/100=2.00%。而不是2/98（2.04%），因为你必须持有债券至到期才能获得回报。更一般地说，折扣债券的收益率是：

$$\textbf{收益（Yield）=（D/F）×360/T}$$

D是折扣，即面值减去投资者必须支付的价格；F代表面值；T是到期前剩余的天数。这样，如果债券还剩下180天，债券应该以99美元的价格买入，以获得2%的回报率：

$$（100-99）/100×360/180 = 1/100×2/1 = 0.02或2\%$$

另外两种类型的债券分别是期限在1年以上10年以下的中期债券，以及期限为10年以上或更长（通常为20年或30年）的长期债券。我们一会儿将研究如何计算附息债券的价格和收益率。

因为债券定期向投资者付款，所以被称为固定收益证券；他们的市场是固定收益市场。债券背后的合同义务称为债券契约。如上所述，债券持有人对发行人的收入和资产具有索赔权。有担保债券是由对资产（通常是财产，如抵押债券）的合法债权为担保的。次级债券的债权属于其他债务；这类债券通常以更低的价格出售，即收益率较高。与其他投资一样，风险越高，预期收益率就会越高。

复利的力量

在我们审视债券收益率之前，作为投资者，有一点你应该考虑到：货币的时间价值和指数增长的力量，比如复利。在讨论利率问题时，我们曾在第三章中简要讨论了这一点。如果你是那种一看到数字被字母取代的公式眼睛就呆滞的人，不要担心。无须使用复杂的代数和微积分数学，你可以轻松地成为一名有成就的投资者。事实上，你可以想想沃伦·巴菲特的这句名言："警惕那些使用公式的怪家伙。"

不管怎样，如果你能记住一个简单的关系，会帮助你做得更好：

$$FV(n) = PV \times (1+k)^n$$

FV=终值（Future Value），或叫未来值，即期末本利和的价值

PV=现值（Present Value），或叫期初金额（即第一年投资额）

k=年利率

假设你在你的CPF特别账户上充值了1000美元。这个账户每年的复合利率为4%。10年后，你的投资将值：

$$FV(10) = \$1000 \times (1+0.04)^{10} = \$1000 \times 1.48 = \$1480$$

非常有用，对不对？你仅需要在一个科学或者金融专用的计算器上找到$(1+k)^n$；又或者，你可以使用在线计算器。

此外，一旦掌握了这一点，你就可以通过公式重写方程，找到

PV或k的值。比如：

$$PV=FV(n)/(1+k)^n$$

$$k=\sqrt[n]{FV(n)/PV}-1$$

因此，如果你的目标是10年内你的CPF账户中的资产终值达到1480美元，并且利息率为0.04（每年4%）。你想知道你今天需要投资多少（PV）。你只需将1480除以（1+0.04）^{10}，从而确定需要1000美元的投资。

如果10年后你发现你的资产从1000美元增加到1480美元，你可能想知道这笔投资的复合回报率（k）是多少。要计算这一点，你只需要计算 $\sqrt[10]{1480/1000}-1$，就能得出4%的回报率。

在金融领域，计算投资未来价值（和向后计算的贴现率）的这个简单方程是经济评估和决策的支柱。大多数金融书籍都会强调复利的力量。

我想你会同意，复合的特点确实很有力。你会意识到现行利率对你的回报有多重要。

如果你把1000美元存入你的中央公积金普通账户，而这个账户的回报率通常只有2.5%，那么在这10年之后，你只能拿到1280美元。但是，你只需要点击键盘上的几个按钮，把资金转移到特定账户，就可以多赚200美元，这份利润赚得可是相当容易的。

关于收益率

我在这里提到收益率，是因为债券估值工作中也用到货币的未来价值公式，另外，也可以用股利贴现模型（dividend discount model）来评估股票。但我不会在这个问题上谈太多细节；因为我的这本书，只针对普通的投资者，而不是专业的债券交易员，如果他们需要，可以阅读那些具有多年教学经验的金融学者出的书，毕竟这些人比我更具有资格。

基本上，债券的价值（你应该支付的价格）等于其预期现金流量的现值。如公式所示：

$$P=C_1/(1+k)+C_2/(1+k)^2+\cdots+C_n/(1+k)^n+M/(1+k)^n$$

P=当日现值

C=每年的息票付款：第1年至第n年

n=到期年份

M=到期价值

k=预期收益率

正如你所看到的，要计算出现值，你需要一个"k"值——一个你应该使用的利率。为此，你必须运用一些主观判断，并确定所谓的"所需回报率"。这就是你想从投资中获得的回报率，或者至少是你把钱存入银行后所能赚的最低回报率。

假设一张债券5年后以1000美元的面额偿还。你预计这项投资每年有5%的回报，从而觉得为了它值得冒险。

运用上面我们新学到的计算公式，你应该支付的债券金额为1000/（1+0.05）^{5}，即1000/1.28=781。这也对应于上面公式中的最后一个元素，M/（1+k）^{n}。

除此之外，还应该添加未来几年的任何息票付款，每个付款都像最终付款一样贴现到当前付款中。

假设息票支付是每年40美元，那么在5年内，按当前的现值算，你支付的总价格（以目前的美元计算）将是：\$38+\$36+\$35+\$33+\$31=\$173。请注意，未来付款的现值是如何下降的；当然，如果你使用高于5%的预期收益率，它们会下降得更多。

这应该加上贴现后的票面价值：\$173+\$781=\$954。结论就是，收益率为4%的1000美元面值的债券，当前最高购得价格是954美元，这个收益还是值得冒险的。

目前的收益率是相当容易就能计算出来的。只需要将你的息票利率除以你为债券支付的价格即可。

就像其他风险投资一样，这是对你投资的回报。假设你的1000美元债券的利息支付为每年40美元，你可以以800美元的优惠价格获得；你的收益率为40/800=0.05或5%。

还得注意两件事。首先，债券的收益率与价格成反比。债券的价格越高，收益率就越低，反之亦然。其次，价格对利率的小幅波动非常敏感。

你可以再看看前面的例子，自己想象一下，如果市场利率是4%，投资者为该债券支付1000美元的价格。如果市场利率仅上涨1%

至5%，债券价值降至800美元，那么债券持有人就遭受了200美元或20%的账面损失！这就是固定收益市场紧张的原因，并且在利率上升的经济条件下，往往会贬值。

在正常的经济条件下，长期债券的收益率应该高于短期债券。根据货币理论，这是有道理的：你等待回钱的时间越长，你期望得到的回报就越高。这样，收益率曲线应是这样的：

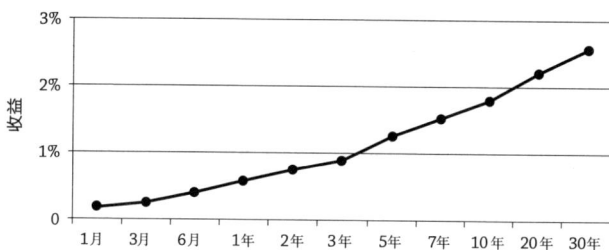

图9 美国国债收益率曲线（2016年）

在市场预期未来利率较低的高利率环境中，这种曲线也可能会下降，或者可能以各种方式受到影响。但是，这有点儿不正常。如果你查看财经新闻频道公布的收益率，那么10年期债券的收益率应该高于两年期债券，而30年期债券的收益率应该更高。

固定收益产品

当然，债券市场并不像上面描述得那么简单。这就是资金管理的意义所在；它既非常简单，又非常复杂。你总是可以指望推动"金融创新"的人把事情复杂化。这对从事金融业工作的人来说，是件好事，但就个人而言，我十分怀疑这种创新对普通投资者到底有没有好处。

债券的特殊功能包括早赎。可赎回债券是指发行人有权在特定的时间按照某个价格强制从债券持有人手中将其赎回的债券。偿债基金（Sinking fund），让发行人每年赎回一定比例的债券。

回售条款（put provisions）与之相反，它们赋予投资人在到期前的指定日期以票面价值将债券出售给发行人的权利。

浮动利率债券（Floating Rate Bonds）、升息债券（Step-Up Bonds）和通胀指数债券（Inflation-Indexed Bonds）的息票利率在一定时间间隔内按照预定的基准重置，这当然会影响债券的价格。

可转换债券（Convertible Bonds）是上市公司发行的一种有趣的工具，债券可以在规定的时间内转换为普通股票。其有固定收益产品的优势，且下行风险有限。如果公司做得好并且在贷款到期前股价上涨，那么它具有上行潜力。

这还不是全部。更为复杂的是，债券可以在一个国家的管辖范围之外以另一种货币发行，即所谓的欧元债券。在债券市场上，区分政府债券和公司债券很重要。前者是由主权国家、州或地区市政府发行并得到该公共实体支持的债务；后者由私营公司发行，仅以公司资产和未来收入作为支持。债券市场的很大一部分是由房地产支撑的。一些债券与某一特定建筑挂钩，将该建筑作为抵押品，直至到期。更复杂的产品是涉及大量的通过抵押债券捆绑在一起的CMOS（住房抵押贷款支持证券）。CMOS可以出售给大型机构投资，他们可能更喜欢不必处理个人抵押贷款和债券带来的便利性。在2008—2009年的金融危机期间，他们做了一些事情，给债券市场带来了坏名声，当时它们被推给毫无戒心的散户投资者，然后投资者发现隐藏在大量抵押贷款中的是许多无法偿还的贷款。许多投资者在这些产品上亏损；甚至有些人失去了他们所拥有的一切。

债券评级与风险

这就引出了另一个问题：债券评级。目前，有三家最大的评级机构得到了美国政府的认可，它们分别是穆迪投资者服务公司、惠誉评级公司和标准普尔金融服务公司（S&P）。它们按质量下降的顺序排列，依次设定了4个债券信用评级，分别是：AAA，AA，A和BBB。任何等级在BB到D之间的债券，都被认为属于非投资级别，或者用金融术语亲切地称它为"垃圾"。

对各国来说，将主权债券评为投资级别非常重要，因为这允许机构投资者购买它们——许多机构，比如其他政府和大型养老基金，都不允许购买垃圾债券。评级越高，发行人的利息负担通常就越低。许多私营部门的债务被评为垃圾债务，但这并不意味着其没有市场。许多投资者愿意承担风险，购买垃圾债券，因为收益率通常要好得多。在垃圾债券基金中，有少数债券可能会违约，但其余债券的较高收益率仍可能会产生较好的总回报。

尽管一般投资固定收益产品被认为比投资股票更安全，但并非完全没有风险。正如我们刚才看到的那样，存在着信用风险——债券发行人可能会在到期前破产和违约。

当主权债务价值下降时，就会出现政治风险。尽管政府很少拖欠债务，但我们还是看到一些国家这样做了。有时它被更客气地称为"债务重组"。无论哪种情况，债权人都拿不回所有的钱。如最近发生在俄罗斯（1998年）、委内瑞拉（2004年）、希腊（2010年）、阿根廷（2014年）和乌克兰（2015年）的事件此刻就浮现在我脑海中。

对于以本国货币以外的其他货币发行的欧元债券，可能存在货币风险（Currency risk）。

然后就是我们提到的利率风险（Interest-rate risk）。随着利率上升，债券价格也在下跌。这将给你的债券投资组合带来账面损失，尽管持有至到期且没有违约，收益率应该从贷款开始时计算。随着利率的上升，债券基金应该能够以更低的价格购买新债券，从长期来看，这可能有助于债券基金的价值回升。

投资债券

那么，作为普通投资者，你该如何驾驭固定收益市场呢？就我个人而言，我喜欢简单的金融。这里提供了一个非常简单的方案：低借贷，高投资。

我在读了两年大学后退学了，但在这两年里，我可以向丹麦政府借钱。那时没有助学金或津贴，但我们可以向国家申请无息贷款。毕业后，贷款的利息就开始积累，当然你也会得到一份工作，并开始还钱。许多国家都有类似的国家资助或国家担保的学生贷款计划。

我确实每年都取出全部无息贷款，但我并没有花掉。我用它进行了投资。还记得我学过经济学吗？我对股市了解不多，而且当时也不相信资本主义，所以我在银行买了抵押贷债券，并收取利息。在那些日子里，我们实际上有了真正的实物券。我在家里用一张精美的册子，在上面贴着每一张债券。然后每年两次，我都会把快要到期的实物券剪下来，带到银行兑换现金。我在每年6月11日和12月11日都这样做；那是我一年中最精彩的两个日子！在那些日子里，你可以购买低于票面价值5%的债券，有时候可能是80/100，甚至更低，所以你的收益率是5/80或更高，远远高于6%。

我在学习期间通过兼职工作、写书来维持生计，我母亲也帮了我一点，息票支付也有所帮助。退学后，我做的第一件事就是卖掉债券，并把本金还给国家。除了以后为财产融资外，我再也没有借过钱。

这给我们带来了一个经典的金融概念：好债务与坏债务。在第二章我告诉过你永远不要借钱。也就是说，千万不要借钱消费，那是坏债务。它会毁了你的生活，把你囚禁在一个复杂的充满担忧和痛苦的金融网络里。坏债务就是养活银行和放贷人，而你其实应该养活自己，享受自由的生活。

但是，也有好债务。我刚才提到的就是一个例子：你以0%的利率借款，并以6%的利率投资，在这种情况下，稳赚不赔！也并非所有良好的债务安排都那么简单，但总的原则是相同的：你以安全的方式应用杠杆。如果做得好，它可以帮助你更快地实现财富自由。

我之前也告诉过你永远不要赌博。因为那些数字对你不利。看看它们，你会同意的。你曾试着用你妻子的出生日期下注或戴上你的幸运领带，但这样做对结果没有任何影响。你不能打败数字，最后的赢家只会是赌场。如果你继续赌博，你将会失去所有的钱——我用数字证明了它，就是那么简单。

但这并不意味着你永远不应该冒险。经过计算的风险不同于赌博，因为你掌握着控制权，你可以选择可能对你有利的数字。每个企业都必须根据自己的优点进行评估。在第九章中，当我们考虑投资组合管理时，我们将再次研究这个问题。不过，一般来说，为了固定资产（如房产）融资而借款，其很可能会产生比你支付贷款更多的租金和升值收入，这被视为好债务。

债券的过去与现在

离开学校后的很多年，我主要投资固定收益产品。渐渐地，我开始意识到资本主义的好处，于是沿着这条思路，我会不时地买卖一些上市公司的股票，主要是与石油有关的公司；但做得不好，这就告诉我，投资股市只有在你对其了解且准备充分的情况下，才会真正有回报。而那时，我并没有做到位。那时，我忙于钻井平台上的日常工作和年轻时的事业。

另外，固定收入在那些年确实有效。不同国家、不同货币和不同固定收益产品的利率略有不同。然而，作为一般的准则，请你们看看

图10中显示的1954—2014年美国联邦基金利率的惊人图表。

它们都没有违约。到1986年，我已经卖掉了所有的股票，只投资债券。这不是正确的投资方式；你必须把投资风险分散到各种资产类别上。（不要像我做的那样，按照我说的去做！）但那时我并不在乎。我的债券投资组合平均每年支付利率为15%~16%。每次去银行的路上，我会一直高兴。此后，我离开了油田工作，1987年10月，全球股市崩溃了，但这对我没有任何影响，因为我手上没有存留任何股票。

图10 美国联邦基金利率（有效）

30年前，你可以在固定收益产品上赚到钱。造成这种情况的原因有两个：成本低，以及经济中广泛存在的高利率。我提到过，我直接从发行人那里购买债券——这样交易成本很低。当我住在英国的时候，我会在当地邮局或通过邮购的方式购买以英镑计价的政府债券；不用支付佣金或费用。即使在20世纪90年代，丹麦政府也会在不收取佣金的情况下在邮局出售其债券；那时没有金融中间商。随着利率开始下降，债券市场带来了额外的资本收益。拥有长期成熟产品的投资者锁定了良好的回报率，他们的债券价值也因此升值。

这并没有维持很久。不久后，政府开始通过金融机构来推销其债务，这些金融机构从债务的顶部撇取资金。虽然产品的管理成本越来越昂贵且结构越来越复杂，但金融业的规模却在持续扩大，主要是通过金融中介收取更多的服务费。对于美国经济来说，本·兰迪在世纪基金会网站上的一篇论文中计算出："金融中介的总经济成本从1980年的5%……在里根政府放松管制的年份……直至2010年增长到几乎占国内生产总值的9%。"也就是说，金融业每年在美国大约收取1.4万亿美元的服务费。"那么社会得到了什么回报呢？"兰迪问道，"或者，换句话说，金融业产生了什么？简而言之，华尔街在过去的30年左右的时间里，一直位于财富的顶端并以惊人的方式收割财富。"

我相信，如果你研究任何其他发达国家，也会发现类似的情况。因此，金融业是一个很好的工作场所，但却是一个对客户不利的地方。

如何购买

你如何避免支付所有这些服务费呢？你不能完全避开它们。你能做的是尽最大努力把费用保持在较低的水平。如今，单一债券以相当低的成本从金融互联网平台和投资银行出售给国际市场。然而，它们通常需要大约25万美元的投资，而且它们可能不是流动性的，也就是说，你必须做好债券在到期前被抛售的心理准备。

有许多共同基金（Mutual Funds）和ETF基金投资于债券市场。政府债券和企业投资等级债务以及垃圾债券基金都有。通过基金，持有一篮子不同的债券，可以达到分散风险的作用。但是，你得为你的基金管理人支付服务费，通常他们的服务费会很高。在后面的第九章，我将谈到如何在构建投资组合时找到一个不太昂贵的基金。

在地方市场，通常可以获得小份额的债券。比如在丹麦，很容易从当地银行购买小额抵押贷款支持债券，尽管银行也会向你收取交易佣金以及托管费。而在新加坡，一些大公司通过发行债券来为其运营提供资金，可以通过银行直接以较低的成本购买这些债券，通常可以以低至1000新元的单位购买。华侨银行、凯发、城市发展银行、新加坡航空等都提供这些服务。根据债券的不同，收益率约为每年3%~6%。作为购买公司股票的替代方案，它们值得考虑。虽然上涨空间有限，但与股票相比，下跌风险也有限。

最后，在2015年9月，新加坡政府兜了个圈子又回到原处，也就是多年前欧洲政府的做法：他们绕过了大型机构投资者，开始直接向消费者出售政府债券。根据新加坡储蓄债券计划，你现在可以通过自动取款机直接从政府购买新加坡债券。债券的利息是免税的，如果持有至到期日（10年），收益率为每年2.4%，如果在此之前赎回，收益率将会低一点。不过，投资是流动性的——政府随时都可能会回购这些债券。没有二级市场，也没有交易所运营商。从前那种临近债券到期日，拿着剪刀剪下实物券并送到银行兑换的日子再也没有了！实际上呢，你从来就没看见过你的债券，它们以电子的方式存储在你的中央国债管理处账户中，而且利息支付直接转入你的银行账户中；而这一切仅需你投资500美元即可，每笔交易只需支付2美元的费用。虽然每年2.4%的收益，不足以支付你的退休生活账单，但这是一个100%安全的方法，可以将你的一些资金以较低的管理费用存储起来。

贷款买房

我们在之前提到过，债券市场与房地产市场密切相关。为了给房屋、公寓楼、写字楼或工厂等重大固定资产融资，开发商将建筑物作为抵押发行债券。这些债券是由资本过剩的投资者购买的，债券持有人有时会像上文所述的那样捆绑在一起。

对于私人住房，每个国家的融资方式都略有不同。在欧洲，有建筑协会促进这种贸易；例如，在英国，其最大的建筑协会——全国建筑协会，现在拥有价值约2000亿英镑的资产。年轻人会在一个建筑协会开立一个储蓄账户，并希望在他们准备搬出去的时候，就有资格获得自己的抵押贷款——前提是房价没有暴涨，仍在他所能承受的范围内，房价暴涨往往发生在一个住房长期短缺的国家。

在美国，抵押贷款过去可以从储蓄贷款协会获得，但这类金融机构或多或少都悄然死亡。2008—2009年的金融危机后，整个抵押贷款行业基本被国有化。但奇怪的是，现在几乎整个房屋贷款业务都是由联邦政府授权给两家抵押贷款公司——房利美和房地美——来运营。当然，政府确实从中赚了一笔钱。他们免费印制钞票，并以每年3%

的利率借给房主——这是一个相当划算的买卖，对吧？但私营部门被排除在外。

而在新加坡，由当地银行提供住房贷款；贷款之外的资金可以通过中央公积金来支付。银行住房贷款一般与所谓的SIBOR利率挂钩，该利率由银行设定，但由于新加坡经济的开放性质，利率紧跟美国联邦基金利率。SIBOR代表新加坡银行同业拆放利率。例如，星展银行（新加坡最大的银行）以SIBOR+1.38的利率提供新加坡元住房贷款。对于公共住房利率在10年内将以CPF普通账户存款利率（目前为2.5%）为上限。你有时可能会看到新元掉期利率（Swap Offer Rate），它是根据新加坡元对美元的汇率计算的，波动较大，因此不太适合住房贷款等长期安排。互联网上有大量关于这一切的信息，每家银行都会为你提供略有不同的条款，总的来说，情况就是这样的。

拥有一套自己的房产

对大多数人来说，买房或许是他们一生中最重要的金融冒险。这里不是讲述更详细的购房细节的地方，要了解那方面的内容有很多专门的资源可用。让我们尽情歌唱吧：来吧，让我们拥有一个自己的家！我遇到过无数的购房者，就从来没有遇到一个为此而后悔的人，真的，一个也没有！在纽约和伦敦等一些城市，在那里工作的人士，支付的房租可高达其工资的50%，而且这被认为是再正常不过的事情。这些钱如同流到下水道里的水，一去不复返，是没有任何收益可言的。

1976年，当时我在挪威北海地区的石油钻井平台上工作，在此期间，我不断收到丹麦武装部队的来信，让我去服兵役。我不想再推迟了——因为我不再年轻了——所以我去了丹麦的奥胡斯，几个星期后我就应该去报到，所以在此之前，我要寻找一个住的地方。我买了我看过的第一套小公寓。

它面积不大，而且很旧，位于市中心，只有一间卧室。但这对于一个单身汉来说，足够了。老板出价11万丹麦克朗，我砍价砍到了10万，当天下午我们就在代理人的办公室里签订了合同。我用了15000克朗的现金作为首付，剩余的85000克朗用的是抵押贷款，其中大部分是以物业为抵押的可赎回债券。

在我服完兵役后，我把这个公寓作为投资，对外出租了几年，这也是一件比较麻烦的事。按时付款的好租户可不是那么容易找到的。所以当我1980年搬到新加坡时，就把它卖掉了。那时候的价格是280000克朗。我不知道现在它的价格是多少，也许是100万吧。所以我在丹麦时，不仅有免费的房子可以住，最后还赚了一笔钱。现在你理解我为什么相信自有房屋了吧。

当我搬到苏格兰时，也是这样做的。当时（1977—1978年），阿伯丁的住房长期短缺。这个地方很嘈杂。来这个城市的第一个星期，我和另外两个工人在顶层的一个小房间里一起吃住。我睡在中间的折叠床上。我们几乎无法在那里四处走动。那时我没有赚到多少钱，所以这就是我能负担得起的生活。直到今天，我仍然尊重那些为了工作而忍受这种生活的外国工人。这次办住房贷款花了更长的时间，但几个月后，我就在牙买加街找到了自己的小地方。我最终以微薄的利润出售了那套公寓。我又一次免费住在一个高租金的新兴城市。

多年来，我在不同的城市拥有四套公寓和一套房子，而且我总是领先一步。当那套房子被卖掉时，我的前妻"忘了"把我的那部分销售收入给我了，我在这上面没赚到什么钱，但买房仍然是值得的。我想所有的业主都会同意我的看法，买房子是你永远不会后悔的决定。

第二套房产？

然而，这一规则不一定适用于所有房地产投资。你可能会想，如果拥有一套自己的房子是一件这么好的事情，为什么不再买一套，然后租出去收房租呢？

原因如下：买卖房产涉及很高的费用，特别是在出售时。首先，为了让房子看起来很体面，你得花钱请人做修理和清洁工作。其次，大多数房地产经纪人要收取房屋出售金额的2%作为佣金；除此之外，还有律师费以及政府征收的印花税。有些国家会对你在一定的年限获得的利润征收所得税。这样说来，新加坡真是一个友好的地方，这些收费是被限制的，但它们仍然会侵蚀你的利润，可能高达5%。而我母亲在2012年去世之前，卖掉她的第二套房产时，最终支付的维修费和销售费用高达12%。这就是欧洲的生意经。

对于购房，通常建议至少持有房屋3年。与租房相比，只是为了收支平衡。虽然你不能百分之百地肯定你的房子会升值，但从长远来看，在大多数地方的房子随着时间的推移都会升值，你的房子就像是一个对冲通货膨胀和房租上涨的工具。到你退休的时候，你只要还清了房屋贷款，除了一些房产税和一些维护费之外，你就可以免费居住了。这个效果通常很好。

如果你是通过买房卖房快速投资以获取利润，这就另当别论了。如果出现房产泡沫，你可能会发现自己处于"水深火热"的境地，即你的贷款高于这套房子的价值，就像2008年后数百万美国人遇到的那样。而且你如果遇不到一个好的租户，你的摇钱树就会变成一个吸干你的吸尘器。

另外，房地产市场也不是完全免费的。这就限制了房价的上涨。特别是在新加坡，政府发挥了非常积极的作用，并明确表示不希望房价随着时间的推移而上涨，或者房价上涨超过一般经济增长率。目前房价上涨还不快，大约是每年上涨2%。他们不希望看到像伦敦那样的情况，由于房价和租金过高，伦敦当地的工人被迫搬到别的城市去居住。

在新加坡，在2009年金融危机后，房价开始迅速上涨，当时利率下降到近0%，世界各国央行的量化宽松政策大幅增加了货币供应量。这种热钱在世界各地流动，期待着回报；它迅速推高了大多数城市的房地产价格，其中一些最终流入了新加坡。然而，政府不希望这样。据星展集团研究人员计算的所有住宅指数显示，当普通民众开始努力拥有一套住房时，政府的"降温措施"扭转了这一趋势，从2013年第三季度到2015年第三季度，新加坡房价下跌了8.2%左右。降温措施包括大幅增加买卖双方的印花税，特别是外国人的印花税，以及降低允许贷款与价值比率和总债务偿还比率，总债务支付的住房以及汽车消费贷款不允许超过收入的60%。

虽然没有人问过我的意见，但我个人觉得这很合理。也许人们的房子不应该成为一些机构投资者在赌博游戏中的筹码，但对于他们来说，钱太便宜了。住房价格泡沫很少发挥积极的作用，1991年日本股市崩盘之前的荒唐事件就是一个很好的例子。应该避免这种情况的发生。

作为一个投资者，你应该问问自己，房地产市场是否真的就是让你的储蓄获得最佳回报的地方。我的意思是，房地产市场投资的潜力上限有时候可能会受到当地政府政策明确的限制，但一个良好企业的价值没有这样的上行限制。没有人会告诉苹果公司说，他们赚的钱太多，应该降低利润，除非他们违反了公平竞争的规则。

房地产信托投资基金（REITs）

为了规避政府对新加坡房地产市场的严格控制，当地投资者越来越倾向于在海外投资房产，如马来西亚、澳大利亚、英国、美国。几乎每天，都有外国开发商在新加坡媒体上宣传他们的项目，并承诺会获得巨大的回报。（值得一提的是，海外投资广告的透明度和准确性要求不如国内开发商的要求严格，尽管MAS正在考虑在这方面公平竞争。）

反正在我看来，我会很谨慎地将我辛苦赚来的钱倾注到一个我不太了解的国家的房地产中，我需要知道它的条件怎么样、房子的质量怎么样，会不会有泡沫形成。我知道它适用于某些人——有些投资者乐于在世界各地拥有房屋或公寓，并从中收取租金。就我个人而言，这是一项很乏味的事情，也不是很赚钱。日常管理费用、行政管理费用和存在的风险都让我觉得不值得一试。

如果你想接触房地产市场，过上出租房屋的轻松生活，为什么不投资REITs呢？REITs是房地产投资信托基金，就是拥有和经营房地产的公司。对于在证券交易所上市的房地产投资信托基金，你可以购买公司的一部分，并作为股东从业务中受益。在新加坡，REITs是投资领域的一名新成员，也是2002年成立并上市的第一家房地产投资信托基金。如今，新加坡约有36家REITs上市，几乎所有其他国家证券交易所都会提供这种投资工具。

我喜欢REITs。嘿，等一下，前面我不是说过在投资的时候应该尽量减少中间商，购买债券而不是管理债券基金的吗？是的，但我也写道，我不太知道该怎么做才能避免所有的费用。我很希望知道应该怎么做，但在那之前呢？在我看来，有些费用是不可避免的。就像房地产投资信托基金一样。它们为你提供了便利，无须担心租赁房屋的灯泡更换和水龙头漏水等琐事；你可以付钱让别人去做。我想你也不愿意这些琐事占用你下班后的休息时间。

作为资产类别中的一员，REITs受到美国证券交易委员会（US Securities and Exchange Commission）和新加坡金融管理局（MAS）等金融监管机构的大量监管和限制。房地产投资信托基金的结构以及它们能做什么和不能做什么的信息都是有限的。你必须检查每个司法管辖区的条件以了解产品。然而，一般而言，房地产投资信托基金的大部分资产必须在房地产中；它们必须作为集体投资计划（在美国至少100人）共同拥有；它们只能以其持有的一定数额（在新加坡为35%）的资产借贷（或提供担保）；它们的财产必须每年估价。而且，对你最重要的是，他们必须将90%的租金收入和资本收益作为股息支付给股东。

所有这些法规都是为了保护投资者。假如，你处在房地产市场即将腾飞的大时代，REITs将为你提供投资房地产市场的机会。而在比较平静的时期，有稳定的租金收入和高分红收益率都是值得期待的。你可以通过在多处持有房产的股份来分散你的风险，而且你的投资具有流动性——如果你需要钱买别的东西，你可以短期内出售你的股票。

话虽如此，但事实上，REITs也并不是无风险投资。REITs通常专注于房地产市场中的一个领域，如住宅、办公室、工业或医疗保健。你必须对你喜欢、想要支持和认为有利可图的行业形成自己的看法。现在分红看起来不错，但未来呢？管理层是否总能找到租户并降低运营成本？与所有上市公司一样，REITs必须公布详细的季度和年度账目。仔细研究它们。然而，他们只会告诉你这么多；他们不会告诉你管理的质量和业务的未来前景。

所以，多做准备功课是十分重要的。如果你在新加坡，可以登陆Moneysense.gov.sg网站，它提供相当好的易于理解的理财建议。事实上，即使你不在新加坡也可以看看，它背后有一个简洁的管理系统。

有一个很好的关于REITs及其动作方式的章节，对风险和机会有很多警告。当你了解REITs的结构以及它们与普通上市公司的区别时，你可以依次研究每一个上市公司。试着确定业务的前景：这在未来将会发生什么？如果你认为你所在地区的办公楼供过于求，也许就可以看看一家经营医院、酒店或计算机服务器仓库的REITs。

我拥有一些以美元和新元为单位的REITs，到目前为止，它们打理得都还不错。虽然它们的价值有点上下波动，但股息还是不错的。我建议你在投资组合中纳入一些房地产，这将在后面的第九章中谈到。现在让我们来看看最后一个资产类别，沃伦·巴菲特说你应该永远拥有的：一个经营良好的企业。

第七章　股份

雷·里夫金
Rene Rivkin

→ 我讨厌周末，因为没有股市。

什么是股份？

无论是Shares，Stocks还是Equities——它们都是同一件事物的术语：企业的所有权。在大多数国家，注册的企业类型通常有两种：个人独资企业和有限公司。在个人独资企业中，业主或合伙企业的少数业主拥有该企业；他们以个人资产对公司的所有活动负责。在有限公司中，股份是公司发行的股票，每个股东仅以其在公司中的股份承担责任。如果公司破产，他的损失最多也就是他的股份；他不会被要求注入新资金来偿还债务。

许多公司是私营的，即它们由少数股东拥有，他们之间往往相互认识或是家庭成员。在新加坡，私营公司名称中缀有"私人有限公司"字样，而在美国是"Corp"或"Inc"，在英国和德国分别是"PIc"和"AG"。如果业主决定在证券交易所上市，这被称为IPO，即首次公开募股。首次公开募股后，公司上市，即公众可以在股票交易中买卖股票；该公司的类型就从"私人有限公司"变为"股份有限公司"了。通过发行股票融资后，老东家们获得了大量新进入公司的资本用于扩张，但同时他们也失去了部分对公司所有权的控制，必须遵守股票交易所和公共金融监管机构对他们提出的更为严格的规定。

商业信托

正如我在上一章中谈到的，当我们考虑投资债券和房产时，一个有点特殊的商业形式就是商业信托。REIT就是一种信托，而房地产公司是普通公司。不同的是，商业信托有一套特殊的规则。

在新加坡，这些规则在2004年《商业信托法》中有明确规定，可以在新加坡金融管理局网站上找到，该网站还有一份当地商业信托的清单（房地产投资信托基金除外）。

商业信托模式的结构是：一个单一的公司，即托管人为投资者持有和经营业务。

因此，投资者没有经营控制权或股东权利，但他们从拥有稳定的公司中受益；大多数商业信托都涉及参与基础设施、公用事业和其他具有长期合同和稳定收入来源的活动。

虽然商业信托基金没有立法规定支付的分红比例（REITs必须支付90%的收益才能维持其纳税地位），但它们通常会支付高额的红利，约为收益的75%。

虽然这意味着股价的上升幅度较小（因为为扩张而保留的资本较少），但投资者从稳定的收入流中获益，商业信托的收益率（股息除以单位价格）通常为每年5%～7%。

当你变成了股东

当你购买了股票时，你就成了公司股东之一。你参与公司经营并分享它的财富。如果股份是以你的名义注册的，你将被邀请参加公司每年的年度股东大会（AGM），法律要求所有公司都必须召开年度股东大会。大股东可以是被动所有者，也可以是更积极主动的股东；他们可能会在年度股东大会期间发挥自己的作用，并决定谁应该成为董事会成员。董事们将任命一名CEO，即首席执行官，负责日常业务的运作。

作为投资者，你应该知道股票是一种有风险的资产类别。在最坏的情况下，你可能会血本无归，相信我说的，你会避免出现这种情况。这件事不止一次发生在我个人身上。当看到我的股票价格降到零时，我备感痛苦。然而，拥有一家经营状况良好的公司，好处真是很多。一家公司的经营活动是由真实的人，制造真实的产品或者提供真实有价值的服务构成的。拥有一家管理良好的公司的一部分股份，在适当的时间、地点，提供适当的产品，这如同挖掘一个金矿一样。还记得巴菲特的建议吗？让你把90%的资金放在股市中，他自己就是因此而发财的。

问题是，如何找到那个金矿。请记住，你并不是唯一的投资者。还有成千上万的人想快速致富。因此，以合适的价格确定一家好公司是一种技能。好消息是，它是一种可以获得的技能。即使你只了解一些基础知识，也会让你在市场上站稳脚跟。

另一个好消息是，由于这场比赛不是零和游戏，所以我们都可以成为赢家。财富水涨船高。如果你不确定投资哪家公司，那就按巴菲特说的那样做——"买入指数"。历史一再证明，随着时间的推移，股票总会上涨。至于你是应该购买指数还是自己挑选股票，我们将在下一章中更详细地介绍这一点。在本章中，我想向你展示你需要熟悉的工具，以便你在股市中自己操作。

金融界有无数的专业人士是专业的选股者。经纪人和基金经理基本上都在相同性质的学校里学习一套工具，以帮助他们评估一家公司并向客户推荐股票。问题是：他们能驾驭市场吗？每个基金经理都会用一个基准来衡量自己，就像由一篮子股票组成的股票指数一样。如果他的股票表现好于指数，他就已经战胜了市场——但他往往做不到。我们将在接下来的两章中更详细地讨论这一点。

现在，即使你认为自己无法持续击败市场——也就是说，比起追踪你最喜欢的指数的ETF有更好的回报，你可能仍然想尝试挑选股票。也许有一个企业你想拥有一部分。也许你喜欢苹果的小玩意，希望与公司联系并分享它的成功。或者你只是有一种预感，那就是某个细分市场或特定的公司即将取得好成绩。

让我们来看看在分析一家公司时需要熟悉的一些指标。

如何找到一个好企业

先看一个实际的例子吧。比如，你对东南亚的基础设施和环保产业感兴趣。你认为，今后将需要改善该地区数百万人的生活条件和自然环境。在新加坡证券交易所（SGX）上市的多家公司都参与其中。

你决定将你的资金投入这两家公司中的一个：胜科工业有限公司（Sembcorp Industries Ltd）或凯发有限公司（Hyflux Ltd）。你可以通过像谷歌金融或彭博这样的网站浏览一下这两家公司的情况。我相信还有很多其他的金融信息网站——它们几乎都在做同样的事情——我们也可以试试雅虎财经，我觉得它很容易操作。

网上信息显示，胜科工业是一家投资控股公司，在全球范围内从事公用事业、海运和城市发展业务。公用事业部门为工业和市政客户提供能源、水、现场物流和固体垃圾管理服务。该公司在能源领域的活动包括发电和零售、工艺蒸汽生产和供应，以及天然气进口、供应和零售；水部门包括废水处理以及再生、海水淡化和饮用水的生产和供应。

然后你在网上搜索凯发，发现这家公司也是一家投资控股公司。它在全球范围内提供水管理和环境的综合解决方案。它通过市政和工业两个部门运作。市政部门向市政当局和政府提供一系列水和液体处理解决方案；工业部门为制造业部门提供液体分离应用。该公司还从事膜基海水淡化、原水净化、废水净化、水的回收和再利用等业务。另外，它还提供家用过滤和净化产品，并从事水处理厂和海水淡化厂的设计、建造和销售。此外，该公司还设计、建造和运营发电厂，以及进行电力市场的交易。

嗯，总的来说，胜科公司的重点业务似乎在海洋、石油和天然气行业。虽然雅虎没有明确这样说，但事实上他们也建造了很多燃煤电厂，而凯发主要是在做净水。让我们暂时抛开道德问题，看看哪家公司能充分地利用你的资本。为此，光靠漂亮的文字宣传是不够的。我们先快速地比较一些重要的统计数据，然后再进一步结合我们从雅虎网上搜索到的相关数据（这些数据是统计上个年度的，对我们理解关键统计数据非常有意义）进行比较：现在我们大致知道我们要怎么处理了。公司的市值是股票发行量乘以股价，胜科公司的市值显然比凯发大得多，在收入方面也是如此。

盈利能力如何？根据上面数据来进行分析，胜科公司似乎更有利可图。毕竟它的毛利为14.2亿美元，而凯发毛利则为1.56亿美元，其净收入为负数。将净收入除以股票数量，你将获得每股收益（EPS），而表中出现了稀释每股收益（Diluted earnings per share），这意味着公司已发行的任何认股权证和其他可转换股份都已计入公司流通股，因此稀释每股收益往往比每股收益略小；这并不重要，我们只要比较相同的指标。

项目	胜科	凯发
已发行股份/百万	1790	804
市值/百万美元	6410	571
股价/美元	3.58	0.71
52周的股价高/低/美元	5.23/3.00	1.12/0.60
收入/百万美元	10460	308
毛利/百万美元	1420	156
净收入/百万美元	790	−79
稀释每股收益/美元	0.44	-0.10
远期市盈率	9	24
市盈率	0.97	0.43
价格与销售比率	0.60	1.84
股息收益率/每年百分比	4.60	3.30
分析师平均目标价格/美元	4.17	0.91

雅虎还提供了基本财务分析中常用的一些基本财务比率。首先是市盈率（P/E ratio），其计算方法是股票价格除以每股收益。请记住，分母不是公司支付的股息，而是支付股息之前的收益（我们将在稍后讨论）。同样，雅虎还提供了远期市盈率，这很好，因为在此期间是负盈利，凯发的市盈率实际上没有意义。胜科的历史市盈率（Trailing P/E）为3.58/0.44=8.14。

作为一个财务指标，市盈率（P/E ratio）经常被用到。它被称为公司的倍数，大约是该公司收回股票价格所需的年限。但是要注意一些事情。历史市盈率（Trailing P/E）是以事实为依据的，也就是公司公布的收益报告。随着公司股价的日益变化，分子也在变化，因此比例将永远在不断变化。远期市盈率（Forward/E）是根据未来收益制定的，要么是公司提供的市场收益指导，要么是分析师本人估计的收益。因此，从定义上讲，远期市盈率有些主观。

在我们的案例研究中，胜科的市盈率远低于凯发；这对于拥有稳定收入和收益的成熟公司来说是典型的。但是，如果你看一下价格与账面价值比率，这个表格中显示的信息就会变得不那么清晰了。目前的胜科每股价格除以每股净资产（或股本）得出的数值接近1，但同等条件下，凯发的数值接近0.5。通常，你会将低价与被低估的公司联系起来，因此我们以后会仔细研究一下。市值除以销售额（收入）的结果是市销率；它表明市场愿为公司的收入支付多少倍的费用。像胜科这样的低比率（0.60）可能是该公司估值不足的指标，而像凯发这样的高比率（1.84）可能是该股票价格过高的警告信号。

股息收益率非常重要，尤其是对于那些希望从其股票投资组合中获得固定收益的价值投资者而言。股息收益率就是股息除以股价，它和市盈率一样，每天都会略有不同。假设胜科支付每股股息16.50美分，当前收益率将为0.165/3.58=0.0461（4.61%）。现在再来看一件可能让你感到吃惊的事情，如果凯发是亏损的，他们怎么能获得3.30%的股息收益？根据股价来计算，他们应该支付每股股票超过2美分的股息，而事实上他们现在每股股票损失10美分；它没有加起来。所以我们必须更详细地研究这个问题。

雅虎财经的这张快照向我们展示了这两家公司的情况。但是，这也引发了一些问题。凯发真的在赔钱吗？为什么市账率如此之低？这项政策可持续吗？我们可不能单凭这一点就进行投资，我们需要了解更多信息。

审查年度报告

没有什么数据比由公司公布的报告更可靠的了。事实上，那些股票分析师和其他人一样，也是从公司公布的报告中获得大部分信息。然后他们重新分析并计算出更多的比率，再添加上他们自己的意见，形成一份提供给客户的分析报告，以此来收取服务费。一些大股东可以做得更好一些，比如拜访公司并与管理层交谈，以更好地了解公司的前景。而我们其他人只能根据年度报告形成意见。所有上市公司都必须向股东和潜在投资者提交年度报告，并更新季度业绩报告。

有人说按季度报告有点过于频繁，我个人比较赞同这一点。该规则于2015年在英国被取消；而在新加坡，市值超过7500万新元的大型上市公司仍需要按季度报告。虽然出具每一季度报告给公司的会计师和其他会计人员以及外部审计师提供了大量工作，但这是对资源的浪费。也许公司把时间和金钱投入他们的核心业务，然后每年只向公众报告一次更好些吧。不管怎么样，在没取消这项规定之前，我们必须忍受季度报告和相关的"盈利季节"（就是每个季度第一个月月初时间），以及所有这些在金融业中的忙碌噪音和自我反省。

过去，当你想更多地了解一家上市公司时，你得给总部写一封信，要求总部提交一份年度报告。几周后，它会以邮件的形式发送给你。而现在，你直接在网上就能找到。一定要利用这个快捷的优势。

让我们来看一下这两家公司的年度报告吧。首先，我们要访问公司网站并查找投资者信息链接。胜科的2014年年度报告足足有355页，令人印象深刻。这份报告能让投资者很好地了解公司业务状态。相比之下，凯发的135页报告就显得不那么精细了，但它很快就为你提供了所需的全部信息。之前雅虎金融报告显示亏损，但这一亏损是在2015年6月30日之前计算出的最近12个月的市盈率。而该公司实际上在2014年全年税后实现了5900万美元的税后利润，每股收益为1.66美元（而不是-10美分）。事实证明，结合多个来源的数据进行分析，更能得到对投资者有利的信息。

指标		2010年	2011年	2012年	2013年	2014年
收入/ 百万美元	凯发	562	460	655	536	321
	胜科	8762	9047	10189	10798	10895
净利润/ 百万美元	凯发	89	56	65	43	39
	胜科	793	809	753	820	801

指标		2010年	2011年	2012年	2013年	2014年
每股收益/	凯发	10.5	4.3	4.4	2.4	1.7
美分	胜科	44.4	45.3	42.2	45.7	44.3
每股资产	凯发	0.59	0.61	0.56	0.58	0.57
净值/美元	胜科	2.13	2.31	2.52	2.93	3.15
净资产	凯发	17.6	7.1	8	4.1	3.0
收益率/%	胜科	22.2	20.4	17.5	17.1	15.2
每股股息/	凯发	4.17	2.17	3.20	2.30	2.30
美分	胜科	17	17	15	17	16

但是，凯发可能还存在一些问题。从年度报告中，我们可以整理一下两家公司在过去5年中的表现，看看都有什么趋势。凯发的收入、利润和每股收益一直不稳定，而且在过去5年中有所下降，但胜科的数据似乎坚如磐石。每股净资产价值（NAV）是用来计算我们之前看到的股价与账面价格（或者价格与资产净值）比率的数字；我们之前也看到，如果胜科的股价跌至3.15美元，那么价格与账面价值的比率为1，这是相当好的比率了。对于一家拥有大量资本或实物的综合性企业（如银行或制造业联合企业），1或更低的价格与账面价值的比率是典型的比率。而一个主要拥有"软"知识产权的企业或良好增长前景的企业，高价格—账面价值比率可能会被接受。对于凯发来说，每股71美分的市盈率约为71/57=1.25，而不是雅虎所说的0.43。正如我们上面所怀疑的，雅虎给出的数字实在太低，原来是错误的数字。因此，再次检查信息的主要来源是值得的。

那凯发的股息怎么样？评估你未来的回报前景的一个重要方面就是看看公司拿出多少收益当作股东红利。未支付的款项将保留在公司中；这些资金将被添加到公司的股权中，在那里它们可以投资于更多项目，或者在以后返还给股东。这反映在股息支付率上，即股息除以每股收益。我们先看看胜科，2014年的股息支付率是16/44.3=0.36。换句话说，几乎2/3的收入都保留在公司中。谨慎的公司可能只向股东支付其收益的一半；而明显胜科向股东支付的股息低于此水平。而凯发在2014年的股息支付率是什么情况呢？2.3/1.7=1.35，也就是说他们支付的金额超过了他们的收入！如果一家公司持续这样做，它将耗尽股权。

股本回报率（ROE）是另一个重要变量。它是净收入除以公司的股权或账面价值，也就是资产减去负债。这类似于你计算投资收益率的时候：你拿到的投资资本的净回报。凯发在公司拥有相当多的股权，但他们一直未能获得非常好的回报，更糟糕的是，ROE也在逐年下降。胜科的回报较好，但也在努力保持盈利能力。

我们只是通过查看每个年度报告中的金融集团概要来了解这一切。如果你想抽丝剥茧再深入一点了解，建议你去看看完整的财务报表。这里的分析变得有点烦琐。就像一个音乐家在读乐谱的时候，随意拿起一张乐谱，头脑里就像奏起交响乐一样。而一个好的会计可以从数字中提取财务报表，并理解公司的运作。但并非所有人都有这方面的经验或技能。

财务报表由三部分组成：损益表、资产负债表和现金流量表。从损益表中，你可以更详细地了解公司报告的收入来源，并寻找特殊项目。虽然损益表报告了整个财政年度的情况，但资产负债表以特定日期的静态企业情况为基准，浓缩成一张报表，让人在最短时间内了解企业经营状况和财务状况，如资产与其负债，这特定日期一般是每年的最后一天。

你可以从这些报表中得出许多财务比率。要衡量公司的流动性状况，你可以计算流动比率（Current Ratio），即流动资产和流动负债的比率。以凯发为例，它是8.39亿美元比3.91亿美元，流动比率为2.15；上一年是1.72，所以这令人振奋。对于胜科来说，目前的比率是1.14。两家公司的非流动资产都是流动资产的两倍多，似乎合并得很好。然而，融资债务是负债的很大一部分；因此，当我们看一下债务总额与资本总额的比率时，我们发现凯发的比率是1.05，胜科的比率是1.38。两家公司似乎都背负了相当多的债务。债务股本比（Debt-to-capital ratio）应该更低，最好是在0.5左右。

在你快速阅读完每份年度报告，即将关闭网页的时候，问问你自己：你信任这家公司吗？管理层在做什么，他们的计划是什么？你想和它联系在一起，拥有它的一部分所有权吗？

有一件我一直喜欢做的事情，就是看看谁拥有公司的大部分股份。就凯发而言，你会发现一个人，就是创始人、执行董事长和首席执行官奥利维亚·卢姆，他拥有33%的普通股。其他大型投资者大多是新加坡的银行和机构，有20个实体持有74%的普通股。总共有约17000名股东。再来看看胜科，显然这是一家所谓的政府关联公司，因为淡马锡控股私人有限公司（新加坡政府投资公司）拥有49%的普通股。星展银行（另一家与政府有关联的公司）拥有13%的股份。20个最大的股东拥有公司89%的股份，共有约31000名股东。

当你看到股份所有权时，请记住，股东注册的方式有两种。一种是存托登记，另一种是大股东名册。如果"真正的"所有者将其股份存入其他地方，以便为收购提供资金，或者将其股份委托给一家充当受托人的金融机构，则两者可能会有所不同。在这种情况下，大股东名册将更准确地反映公司所有权。

进一步挖掘

我们从这一切中发现了很多。我们还可以根据完整的财务报表计算出更多的比率。

从流动性来看，速动比率（Quick ratio）是流动资产减去存货之后的余额和流动负债的比率；从等式中获取流动性较低的资产，可以让你更好地了解公司承担直接负债的能力。现金比率（Cash ratio）只是现金加上短期投资和流动负债的比率，这是最保守的流动性比率，可用来考察公司是否能够按时支付账单。

关于负债比率，我们之前使用的比率也可以改进。通过负债总额除以所有者权益总额（不是总资本）所得的比例，可以得到一个稍高的比率。你可能还想知道公司的利息支付权重有多大，因此你可以将息税前利润除以应付利息，然后得出利息备付率（Interest Coverage Ratio）——比例越高越好。价值投资者尤其会担心公司的债务和利息支出是否过高，而成长型投资者可能会接受更多的债务，因为他们相信未来的快速增长将削减债务。

此刻，你可能会考虑需要一些帮助。到目前为止，我们已经研究了公开的数据，任何人都可以很容易地找到这些数据，这些数据是完全免费的。因此，到目前为止，我们的研究还没有付出任何代价，但是如果你愿意付出代价的话，还可以得到更多的数据。自己计算这些比率是有点乏味的，特别是如果你需要看很多的公司资料的时候。你的时间可能非常宝贵，或者你根本没有兴趣做大量的搜索和计算这些比率。

很多金融分析服务平台渴望帮助你——当然这是要收费的。如果你已使用在线交易平台进行投资，那么该平台很有可能会为你提供分析服务。Vectorest经常在新加坡打广告，他们有一些令人印象深刻的软件包，允许你对你所考虑的股票进行筛选，并根据你制定的重要指标跟踪这些股票。如果你在全球范围内进行投资，你可以考虑这项服务。如果以新加坡当地市场为主，在新交所网站上就可以很方便地找到很多关于上市公司的信息。我发现新加坡大型媒体公司SPH经营的网站shareinvestor.com，非常有用，而且操作简单。公众可以随时获得大量的信息。

让我们看看怎么登录和支付吧，然后把凯发和胜科两家公司作为我们的研究案例。到目前为止我们所做的，就是通过网站查看年度报告和财务报表来评估公司的价值和前景，这可以称为基础分析。Shareinvestor网站提供了每家公司的相关内容。它包括我们迄今为止所查看的所有比率以及其他一些比率。其中许多数字来自我们所查看的年度报告，也有一些是根据历年数据计算出来的。根据最新发布的季度报告，网站上有更多最新的图表。

指标	胜科	凯发
价格与收入比率（调整后的）	0.58	1.74
价格与收入比率（历史数据）	0.85	2.84
价格与收益比率（历史数据）	12	67

指标	胜科	凯发
账面价值（历史数据）	1.7	1.92
股息收益率（历史数据）/%	3.10	2.06
毛利润与收入比率/%	13	49
净利润与收入比率/%	7.3	4.3
股息支付率（历史数据）	0.36	1.39
总资产与净收益比率/%	4.6	0.5
股本回报率/%	14.6	2.9
流动资金与股本比率/%	27.3	0.9
利润与利息比率	18.5	2.4
债务总额与股本比率	0.9	2.4
债务总额与总资产比率	0.28	0.41
总资产与股本比率	3.2	5.8
分析师平均目标价格	4.01	0.87

通过这些额外的支出，你就可以访问公共资源中难以获得的数据和统计信息。股东对公司的分红政策进行了更详细的分析，比最新的年报要早得多。这对所有投资者显然都很重要，对那些主要寻找能够逐年增长股息支付能力的看重企业的价值和收益的投资者尤为重要。

许多投资者还关注内部人士如何交易股票。这是一个灰色地带，因为直接进行内幕交易是违法的。如果一家公司的董事和高级职员根据尚未向公众公布的信息进行股票交易，MAS和其他国家的监管机构认为这是严重的违法行为。比如凯发的首席执行官奥利维亚·卢姆（Olivia Lum）刚刚敲定了向中东一个国家出售海水淡化厂的大买卖。她不能回酒店后就买凯发的股份，因为她很清楚，第二天向公众公布消息时，价格会飙升。她可以不这么做，但她的秘书有一个表哥，而表哥的朋友是一名股票经纪人，她会怎么做呢？上市公司股价的任何"古怪"走势都会受到交易所和公共监管机构的密切关注，在重大新闻发布、接管传闻等尘埃落定的情况下，该公司本身可能会申请暂时停牌。作为对普通股东的额外保护，股票交易的董事必须将其交易文件公布在shareinvestor.com网站上，而这些文件可能会引起公众的兴趣；如果一个董事突然大幅卖出他持有的股票，这意味着他看空持有的股票，反之亦然。

Shareinvestor网站还列出了公司回购计划。上市公司回购自己的股份，通常有两个原因：一是兑现员工的股票期权承诺，二是仅仅投资于自己。如果他们账面上有多余的现金，管理层可能会回购股票，因为这将提高股本回报率ROE（通过减少该比率中的分母值）。这可能对股票有利好影响。

对于日内交易者，Shareinvestor网站还会考虑你正在观看的股票的实时交易情况，尽管你的在线交易平台可能会提供相同的信息。交易商也会关注市场上的未平仓空头；一家公司可能会受到卖空者或对冲基金的攻击，这些基金借入股票并将其出售，希望日后以更低的价格回购。这可能会打压股价；然而，在某种程度上，如此多的空头可能尚未平仓，以至于当投机者在所谓的"空头轧平"期间投降并回购时，你会期望股票价格很快反弹。但话说回来，这是短期交易和投机行为，长期价值投资者不应为此分散注意力。

那么，表中的新数据告诉我们什么呢？在本报告期内，毛利率（毛利与销售收入的百分比，毛利为销售收入减去销售成本）对凯发来说并没有真正的意义，如果我们再去除营业费用、利息支付和税收，我们会获得净利润而不是销售收入。显然胜科更好，历史市盈率和几乎所有其他可用的指标都是如此。从这一切来看，可以很有把握地说，到目前为止，胜科已经更好地利用了自己的资本。

决定要买哪只股票呢？

结合以上所有的数据来看，价值投资者会购买哪家的股票呢？毫无疑问，当然是购买胜科有限公司的股票。它更像是巴菲特和他的众多追随者所寻找的那种看重投资者的公司。

也就是说，金融分析服务提供的统计数据和图表并不能作为投资的全部和最终参考依据。它们非常有用且功能强大，软件也非常棒，而且拥有令人难以置信的可用数据量。你可以分析、筛选和比较成百上千的上市公司，以帮助你做出决策。它们功能如此齐全，以至于让你忽视了什么是重要的事情。我更喜欢以通读公司年报的形式来了解其中的信息，并仔细阅读财务报表。这样，你可以看到公司到底在做什么，以及它是如何运作的。

此外，财务比率、图表和统计数据并不总是能告诉你，你所看到的是一个管理良好、有前景的公司。成长型投资者的目标可能是寻找未来表现良好的小资本公司。谁知道呢，虽然凯发最近一直在挣扎，但也许他们会有一个美好的未来，股票可以像以前那样回到3美元。如果你相信管理层和商业理念，把钱放在你认可的地方，你可能会做得很好；那么目前的较小的分红可能并不那么重要。

在很多情况下，价值投资者因通过查看所有过去的数据来预测未来的方式而陷入困境。我前面提到2014年油价意外下跌，其摧毁了许多"坚如磐石"的石油生产和服务公司及其所有垃圾债券。柯达伊士曼（Kodak Eastman）多年来一直是一个很好的股息支付指数股票，其成立于1892年，但他们没有看到数字时代的到来，而不得不在2012年宣布破产。"过去的表现并不能保证未来的业绩"——金融世界的这一基本免责声明是如此真实！

事实上，为了评估一家公司的价值，老的方法是看市盈率（P/E）和账面价值。那些习惯用这种方法的人可能已经错过了像谷歌（现在是重组之后Alphabet Inc）、亚马逊、阿里巴巴集团和Facebook这样的新公司的崛起。在2005年至2009年间，Facebook是如何战胜新闻集团旗下的MySpace的？当时，新闻集团这家庞大的公司无法发挥出MySpace的作用，并最终以亏损超过50亿美元的价格将其售出。我不知道答案，也无法解释为什么Facebook从只有54亿美元的固定资产和10000人的员工的一家公司发展成如今市值3000亿美元的公司。在传统的分析中，这都无法得到解释。但许多投资者现在都对此感到头疼，他们想知道这一次是否真的有所不同，即"失重"科技公司是否真的在改写投资法。还是旧的基本原则最终会跟上？这只是另一个等待破裂的资产泡沫吗？也许只有时间才能证明吧。

全面考虑

类似于我们前面所做的比较，可以对任何股票或股票组合进行分析。在投资基本面分析中，重要的是要考虑三件事：宏观经济环境、行业（或领域）和公司本身。

宏观经济环境：我们在第三章中对此进行了一些讨论。现在是进入股市的好时机吗？利率是上升还是下降？当利率上升时，通常对股票不利，如果经济强劲，生产和工资会不断增长，无论如何，股市可能会有所上涨。一些投资者每天都仔细阅读这方面的信息，关注可能影响市场的宏观经济或政治事件，比如国内动乱。他们发誓，关注热点事件和市场反应是获得良好回报的关键。

一方面，一些分析师建议，当市场处于历史高峰时，你应尝试退出，或者至少减少你的股票持有量。然后在衰退期间，当股市处于熊市时，再回购股票。在市场术语中，从峰值下跌10%是技术性调整，从峰值下跌20%是熊市。在一个充满陈词滥调的商业环境中，巴菲特的这句话可能比其他任何话都被重复了更多次："在其他人贪婪的时候要恐惧，在其他人恐惧的时候要贪婪。"

然而，知易行难。而相反的言论是："重要的不是市场时机，而是上市时间。"我不记得是谁先这么说的，但这是许多价值投资者的口号。我已故的朋友伊恩·尤因（在第一章中提到）赞同这一说法。有一年，我从税务部门得到了一个有趣的退款——我多年来多缴了房产税，突然又拿回了一些，大概有10000新元。这真是一笔意外之财，所以我打算把它存起来进行长期投资。我向伊恩请教，他说："买华侨银行。"我说："如果它的股票下跌怎么办？毕竟目前银行的股价已经很高了。"伊恩又说："没关系，闭着眼直接买，就可以了。"事实证明，他是对的，我买了之后，股票下跌了一段时间，但公司管理得很好，第二年股价恢复了。股价在高峰还是低谷真的并不重要。

行业：你必须要考虑你所涉及的经济领域，这就是所谓的行业分析。在新加坡，新交所有12个不同的行业领域（加上外币股）。就交易价值而言，金融领域是最大的，其次是运输和通信、财务和服务。其他行业较小，日成交量仅为两位数（单位是百万美元）。在美国，道琼斯指数公布了10个不同的行业和更多子行业的指数。

因此，例如，如果你想投资银行股，你必须把整个行业作为一个整体来考虑。当你比较"你的"公司的质量和业绩时，首先要把它与其他银行或金融机构进行比较。利率上升（或下降）将如何影响整个行业？政府监管或该行业的其他具体活动如何？

你经常听到金融评论员谈论"增长型行业"。你的投资领域最好就在此类当中；它可以是药品、移动技术或清洁能源。而与之相反的就是"夕阳产业"，可能与煤炭或过时的技术有关。技术发展、政府立法和消费者偏好使经济不断变化，作为一名投资者，你必须牢记这一点。

在经济停滞或增长缓慢时期，投资者试图通过将资本转移到"防守型行业"来寻求庇护。这类行业并不是指军备制造，而是食品、公用事业和医疗等防衰退部门——无论发生什么，人们都会把钱花在这里。"周期敏感型行业"，如汽车和其他耐用品（如电视机和冰箱）生产行业，通常会在经济衰退期间受到影响——消费者会等待几年再升级自己的消费。然而，在经济衰退结束之后，它们可能会与豪华连锁酒店和高档珠宝公司等行业一起繁荣起来。

公司：如果你看看上面的案例研究，我们的出发点是，我们认为现在是投资某一行业的合适时机。然后我们对两家公司进行了研究，并对它们进行了仔细的比较，得出的结论是，一家公司（胜科）可能会吸引价值投资者，而另一家公司（凯发）更像是一个不确定的实体，但它可能会吸引那些愿意持有股票并相信公司未来会有更多订单的成长型投资者。

好价格是多少

现在最关键的问题是：我们应该为股票支付多少钱？这是每个人一直在寻求答案的问题。我们不遗余力地研究了股票分析师用来衡量股票公允价值的一些指标。衡量股票价值还可以用股息折现方法。这与我们在上一章中用来计算债券价值的方法有点相似：我们将所有未来的股息支付都折现为现值，同时也将面值折现。按这种方式，今天股票价格的计算公式应为：

$$P(0) = D(1)/(1+k) + D(2)/(1+k)^2 + \cdots + D(n)/(1+k)^n + P(n)/(1+k)^n$$

P（0）是我们今天愿意支付的最高市场价格（如果当前的报价较低，那就更好了）

D（n）是第n年的股息

P（n）是第n年的股票售价

k是我们要求的回报率

就像债券计算一样，k多少有些主观；它可能是我们另类安全投资的收益率，至少是当地银行存款利率。如果我们的另类安全投资就是把钱放在家里的床垫下面，那么k=0，所有分母都是1。k越高，P（0）值越低，也就是我们需要确保股票价格是最便宜的，这样才能保证我们的投资物有所值。

但现在还有一个问题。债券被称为"固定收益"是有原因的，其收入是固定的。而对于一只股票，我们不能确定未来是否一直有分红。我们也不知道投资的"到期日"是哪一天——公司会经营多久？我们最终的销售价格是多少？使用股息折现方法的分析师必须做很多猜测。即使这样，我想你也应该试试。它迫使你考虑一些你对公司和其未来以及其他利益环境的看法；而这些最终可能会帮助你"估算"出一个公允价值。

更多工具

在评估一个商业部门和一个公司在该领域中的作用时，我发现"行业生命周期"的概念是有用的。也许是因为我目睹了一些发明流行起来，而许多其他的发明则安静地消亡——对于协和式飞机来说，它的消亡可没有那么安静。20世纪70年代，那时我还很年轻，超音速客运是最先进的，也是最伟大的发明。每个人都在谈论现在如何能在3个半小时内从伦敦飞往纽约。但协和式飞机从未流行。它耗资巨大，噪音也大，在2000年发生致命的坠机事故后，该项目于2003年终止。这里，我想讲另一个故事：1975年，我在北海的石油钻井平台上工作时，有一个年轻人，大学辍学了，并和他的一个朋友在美国新墨西哥州的小办公室里创办了一家软件公司。而且他最终成为世界上最富有的人。如果在1986年他的公司（微软公司）上市时，我购买了它的股票，会赚很多钱。他就是比尔·盖茨。

见证这样的事件会让你尊重产业生命周期。哈佛大学（Harvard University）的迈克尔·波特（Michael Porter）提出的概念告诉我们，一个产业经历4个不同的阶段，即推出阶段、上升阶段、成熟阶段、衰退阶段，对应于产业总收入的上升和最终下降。理解这个轨迹可以让你在更大的时间范围内定位一个公司或一个产业。

波特还有一个与产业的竞争性质有关的分析方法——他认为，有5种基本的竞争力量最终决定了该产业维持高于平均水平的股本回报率的能力，其分别为现有竞争对手之间的竞争、新进入者的威胁、替代产品的威胁、买家的议价能力、供应商的议价能力。

一个公司的竞争优势可能是它拥有一种难以替代的产品，或者进入的门槛非常高，即新的公司很难负担进入该行业的昂贵成本。例如，微软多年来一直享有这种竞争优势，有时在政府监管的雷区中走钢丝，这些监管旨在维持公平竞争，减少资本主义经济中的垄断倾向。当他们在欧洲偏离该线时，不得不支付了一些罚款——我将在第十二章中继续探讨这个问题。总体来说，股东们还是很高兴的！

现在，如果你再看看胜科和凯发，请问一问自己，波特的工作与他们有什么关系？这两家公司在产业生命周期的什么位置？他们的竞争优势又是什么呢？

技术分析很复杂吗？

在上面的案例研究中，我们实际上从未查看过"图表"！在研究胜科和凯发时，首先要做的事情或许就是看看他们的股价图。让我们看看这两家公司在过去5年中的表现（图11和图12）。

胜科实业有限公司是一家控股公司，他们完全或部分拥有大量的小公司。其中许多公司（如上市的胜科海洋有限公司）都很依赖石油行业。因此，随着2014年原油价格的下跌，胜科的股价受到了很大的打击。在撰写本文时，凯发公司的股价也处在不稳定和下降状态，但谁又知道未来会发生什么呢。

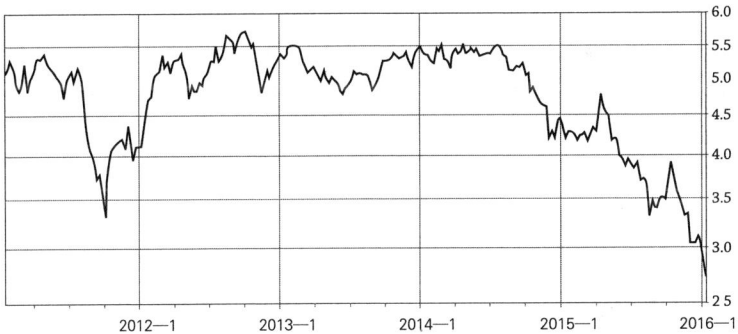

图11　胜科公司近期股价（S$）

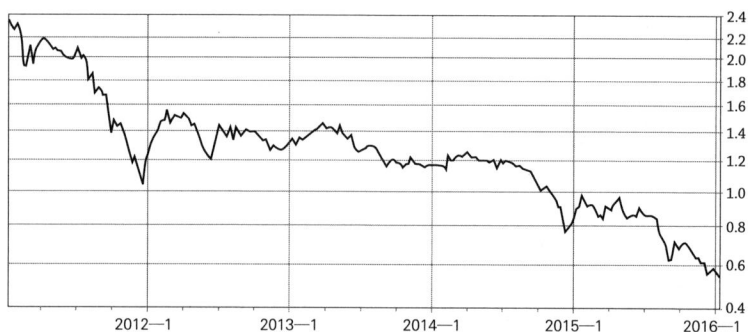

图12　凯发公司近期股价（S$）

　　上图会告诉我们发生了什么，但它不告诉我们会发生什么。然而，技术分析师们正在努力解决这个问题。他们相信，通过研究过去的信息，可以预测股票未来的表现。大多数投资公司和共同基金都雇用了一些专门从事这方面工作的分析师，他们使用的是一套与众不同的工具。这些分析师并不关心从基本面分析得出的股票的公允价值。而事实上，他们对此表示怀疑；他们认为，股票价格主要是由市场情绪和投机（有些非理性）的供求力量推动的。他们研究图表和交易统计数据，因为他们相信图表趋势往往会重复出现，因此可以据此预测未来的走势。

　　我当然不是这方面的专家，但我确实通过阅读技术分析材料，取得了成为基金经理的资格，而且我耐心地参加了专业人士就这方面举办的各种讲座。技术分析师通过观察图表来发现趋势。他们跟随这一趋势，直到在图表中发现一个表示反转的模式。支持位和阻力位的逐渐上升表明处于上升趋势中；当股价跌到上升趋势线以下时，这意味着趋势将发生逆转。大成交量上升趋势伴随着下跌（"左肩"），随后是更高的"头"，然后是一个成交量较小的峰值（"右肩"），这是牛市已见顶、即将转跌的一个重要指标，因此它也是卖出的信号。反转形态的头肩底，是买入的信号。当股价曲线在窄带范围内横向移动时，就形成了盘整矩形。图表分析师关注的是股票在成交量较大的情况下，股票脱离正常交易区间的"信号"，并据此进行操作。

成交量是技术人员关注的一个重要指标，只有在成交量较大的情况下，突破趋势才是有意义的。金融服务网站上的大多数图表中也显示了协助进行这一评估的相关数据。如前所述，技术人员对未平仓成交量持相反态度；因此，未平仓的高空头成交量被视为看涨信号；当空头必须回购时，股票有望触底反弹。

移动平均线特别有趣。它们消除了日常交易的波动性，并使趋势更清晰。200天移动平均线就是200天的平均股价。每天开始时，删除最开始一天的数据，并添入最新一天的数据，使平均线呈"移动"状态。图表分析师观察200天移动平均线（长期趋势），并将其与30天的短期趋势进行对比绘制。在一个下行趋势的市场中，200天的移动平均线通常会高于短期线，因此，当短期线向上移动，从下面越过长期线的时候，就会被视为买入的信号。在股价上涨的牛市中，短期线将超过200天移动平均线；所以当它掉落并穿过200天移动平均线的时候，这是一个卖出的信号，特别是在成交量大的情况下。

如果你有兴趣的话，我建议你自己更详细地研究一下这个问题。也有很多专家乐意教你更多的东西，当然是以收费的方式。他们声称，通过他们传授的交易方法，你一定能击败其他所有的交易者，并迅速致富。

但金融业还有一些人完全拒绝技术分析，将其视为"金融巫术"。我有一个好朋友是做这一行的，索拉布·辛格（Saurabh Singal），他教会了我很多东西。他明确地告诉我不要在这件事上浪费时间。我比较赞同他的观点。我参加的技术分析讲座，从来没有给我有益的启发。图表分析师倾向于选择证明自己观点的案例。他们喜欢把过去已发生的事情，绘制成精美的图表，以显示"这是我买的时候"（低）和"这是我卖的时候"（当然是高）。

趋势是你的朋友，我可以理解。当需求推高股价时，你可以买入。但你会发现趋势逆转的指标似乎只有在趋势改变之后才会变得明显，所以可能没有太大用处。我自认为是一个与数字打交道的人，但我还是看不出这些数字在技术交易中对你有什么价值。如果所有的交易者都使用这些信号，那么效果会不会互相抵消呢？所有在做计算机高频交易的专业人士都对我不利，我看不到自己在这个紧张的游戏中获胜的可能。

但总的来说，我认为有必要衡量市场的情绪，即公众的看法，以考虑供求因素。这些因素可以帮助你确定一个很好的进入市场的时间点，或是赌博业的一句行话所说的"从桌子上拿钱"的时间。有的时候，一只好股票，由于不合逻辑的原因、不合理的恐惧和大量投资者的恐慌心理而出现超卖。还有一些时候，即艾伦·格林斯潘（Alan Greenspan）所称的"非理性繁荣"，会将股价推高到荒谬的水平，看起来是时候抛售那些股票了。但在我看来，在决定什么是不公允价值之前，你需要做扎实的基础分析来确定什么是公允价值。

到目前为止，我们已经研究了各种金融概念、工具和投资工具。在接下来的两章中，我们将在实践中应用这些概念，并确定如何将各种产品混合在一起，最终目标是最大限度地实现投资组合的价值。

第八章 入门

詹姆斯 · 科南特
James Conant

看这只乌龟，它只有把脖子伸出来，才能前进。

股票——投资的正道

现在所有的投资选项，你都已熟知，接下来就是准备投资。我的建议是购买一个好企业的股票，建立一个以股票为主的投资组合。正如我们在上一章中所看到的那样，确定具有竞争优势和稳健分红的公司是可能的。问题在于成千上万的其他投资者也有同样的想法，所以这些公司的估值通常已经很高了。不过，看看基本面吧，如果你对该公司未来的发展很有信心，那就像伊恩·尤因说的那样，直接去买股票吧。

当然，股市是波动的——我比任何人都清楚这一点，因为我在1975年就开始买卖股票。最近，21世纪的第一个10年股价上涨得相当缓慢；在这10年中，很可能你的投资组合没有获得太多的资本收益，但仍然有股息收入，如果以复合利率进行再投资，你就会有一个很好的收益率（"很好"的意思是战胜通胀，再加上2%）。

由于宏观经济方面的原因，主要是1980年以来货币供应量的大幅度增长，股价呈上升趋势。看看这张美国标准普尔500指数图：

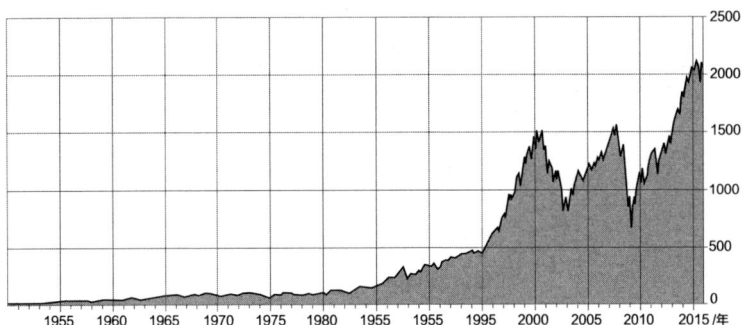

图13 美国标准普尔500指数

在过去十年左右的时间里，出现了一种大型投资者干脆完全绕过股市的趋势。私募股权基金往往不投资于上市公司；他们会直接购买这家公司，并将其私有化。他们甚至可能在并购中将上市公司私有化或将几家公司合并收购，就像美国纽约证券交易所（NYSE）越来越频繁发生的那样。近年来，新加坡证券交易所的首次公开募股（IPO）量出现了严重下降。当被问及这一点时，新交所的首席执行官表示："越来越多的资金，包括风险投资和私募股权，一直是初创企业和成长型公司的积极投资者，已经抽走了潜在的IPO。"至此，很多投资者的怀疑，在官方这里得到证实。所有这些都减少了散户投资者的选择。但是，除非你想拥有并经营自己的企业（这是一项非常艰巨的工作），否则在我看来，投资上市公司的股票仍然是一条正道。

着手你的投资组合

如何构建你的股票组合，通常取决于你的年龄以及你的风险偏好。一般来说，你越年轻，你抗风险的能力就越强。很简单，当你在二三十岁的时候，假如投资失败，失去了一切，但你还有重新赚钱的时间。即使是在你四五十岁的时候，你未来的收入预期也可能有所下降，但如果你的投资组合在几年内都处于亏损状态，你仍然有时间等待熊市结束，因为熊市持续的时间不会比这更长。一旦你迈入六七十岁，好吧，你应该小心处理你的投资组合。摆脱投机性的小盘股，只持有最安全的股票，比如那些可以持续为你提供收入的低市盈率、高分红公司的股票。调整投资组合，纳入更多的固定收益产品，如低风险政府债券。

研究一下你的股票；就像我们在上一章中看到的，即使是高分红公司也不总是安全的。检查派息率，它应该低于1，最好低于0.5。还记得前一章中的行业生命周期分析吗？思考一下你的行业和公司在这个周期中的位置。问问你自己：10年后这家公司还会与自己有关系吗？

如果你真的想安全点，那就选择指数股吧——在新加坡，它属于科技股，而在美国是道琼斯工业平均指数。这些股票已经过指数提供商的筛选，因此从定义上来讲，它们是日常成交量较高的实力雄厚的公司的股票，流动性强，容易进出。此外，所有跟踪该指数的ETF对该股都有一种自然的需求，这使得需求和价格不断上升。请注意，如果一家公司被淘汰出局，它的股票必然会下跌。这种情况偶有发生，因为指数所有者会调整组合，以保持市场相关性。

还记得我们在上一章中讨论的市净率（price-to-book ratio）吗？在购买一只股票之前，先看看这个比率，它将有助于你判断，相对于公司本身的估计净值，股票是否被高估或低估了。同样，整个市场也有一个类似的比率，称为托宾的Q比率（Tobin's Q Ratio）。其是企业总市值对其资产重置价值的比率。正如你能想到的，如果这些公司被市场正确定价，这个比率应该是1或接近1。专业基金经理会观察托宾Q图表，当它超过1时，他们可能不愿意进入市场，而低Q（Q<1）可能是买入的信号。

执行交易

你可以通过任何一家大银行购买股票。他们都有相关联的经纪公司。你的股票将以你的名义注册，如果你在新加坡，他们将以电子方式存入你的CDP（中央存管）账户。开设这样的账户只需要20分钟。当然，你必须亲自带着你的身份证去，对于新加坡而言，这个过程非常简单。

当我几个月前开始交易股票时，股票经纪人佣金大约是交易的1%。我和其他客户并没有计较太多，这也是目前的行情价格。当然，我们更希望在几个月内把钱翻倍。当你才20多岁的时候，你会很期待赚到更多的钱。当你的经纪人给你打电话时，他总会给你一个很好的建议——"这只股票肯定会涨成天价"。过了一段时间，你会发现完全不是那回事。这时整个投资业务的成本对你而言变得尤为重要。事实上，调查显示，交易成本对你的长期回报非常重要。

随着在线交易的发展，每笔交易的成本已经下降到大约交易额的0.2%，甚至更低。你真的不需要再和别人沟通了，除非你真的很看重人与人之间的交流。交易费用因平台而异，也取决于你的交易所，所在的国家以及货币。当然，每笔交易还存在一个最低费用，通常在15～20美元之间。

在股票交易平台上，你下订单即可进行买入或卖出。在此平台上潜，在的买家会给出一个较低的报价和潜在的卖家会给出一个较高的要价。如果股价上下移动很快，而你想抓住现在的价格，你选择"市场"，交易将立即以当前的要价完成。如果你想买但觉得要价仍然有点高，你可以输入一个新的出价（低于当前的要价），并设定一个时间限制（可能是一天或一周），直到要价降到你的出价。过去，在新加坡，一次股票交易中必须至少购买1000股的股票。但这一规定在2015年发生了变化，现在最小购买量是100股。理想情况下，应该没有最低限额，这样你就可以交易你想买的任何数量的股票，包括所谓的"奇数"（即少于100股），这时股票分割（Share splits）和送红股（Bonus issue）就可以出现在你的投资组合中。

多久进行一次交易由你决定。这取决于你认为自己是交易员还是投资者。如果你是一个交易员，多次进出市场对你有好处，那你就这样做。如果你是一位长期投资者，那么一定不要过于频繁地出入市场，因为那样，你的钱都拿来支付交易费了。

假如，你刚购买的股票是短期投机性购买，而你并不打算长期持有该公司股票，你应该考虑对股票设置止损线。交易员就是这样做的：如果股票的走势与他们的期望背道而驰，那么他们会在亏损太多之前快速退出，然后尝试别的东西。如果你打算在这里减少损失，你可以将止损线设定在比你的价格低10%的地方。

或者，你也许真的很喜欢这家公司。并且你也做了很彻底的基本面分析，你相信这个伟大企业的股票正以远远低于公允价值的荒谬价格进行交易。在这种情况下，就不要设置止损线了。事实上，如果这只股票进一步下跌，你应该考虑购买更多，以积累你的股份。

总之，请立即抛掉那些不成功的投资，只保留好的投资。这听起来是不是很简单？在经济决策方面，你最大的敌人往往就是你自己。

行为经济学是经济学的一个分支，它研究人类的心理和认知模式，并考察这些特征是如何影响人们的经济选择的，从而研究经济中总的供求力量。在金融领域，研究一次又一次地表明，人们的做法与他们应该做的正好相反：他们在市场行情高涨时买入，在市场崩溃时卖出。行情好的股票一旦上涨，他们就卖掉，却一直持有下跌的股票，希望它能反弹。如果你能反其道而行之，那就说明你已经领先一步了。假如有天连你的牙医或隔壁的家庭主妇都开始告诉你，他们刚刚买黄金赚了多少钱，那么很可能是时候退出这类资产了。

也许现在你会发现一个矛盾现象：一方面，分析师建议你顺应潮流趋势，在牛市中，持有股票并享受所有的资本收益，即使它们只是纸面收益；另一方面，他们也告诉你不要随波逐流！那么应该怎么办？

我觉得"傻瓜投资指南"网站中的戴维·郭（David Kuo）的建议相当明智。在新加坡的一次演讲中，郭博士把股票投资组合比作金字塔。你知道，就像我们在小学学到的食物金字塔一样，底部有大量的大米、面包和健康蔬菜，中间有一些肉，顶部有一点冰淇淋。郭博士说，同样的，在股票金字塔的底部，你也应该拥有大量稳健的公司——那些有着令人印象深刻的基本比率和可靠的股息政策的公司。无论如何，你都要牢牢地抓紧它们。在中间层，你可以购买一些较新的公司——那些业绩表现不错，但仍处于行业周期早期，且具有增长潜力的公司。偶尔回顾一下，剔除落后者，并研究新的潜在赢家。在金字塔的顶端，无论如何，都一定要保留一些"有趣"的股票，并更频繁地进行交易。它们可能是以每股几美分的价格进行交易的新成立的公司；它们不支付任何股息，甚至可能会亏损，但谁知道呢，它们可能会因为公司收购或一项新专利的成功而突然价值飙升。只要确保这些高风险股票所占的比例不到你投资组合的10%就可以了。千万要记住，不要倒过来建设你的金字塔。

有点风险

在上一章中我们没有提到的一个财务指标是贝塔值（Beta value，在财务公式中用希腊字母 β 表示）。在考虑投资组合和风险管理构成时，我发现它很有用。我之前没有提到它，因为雅虎财经没有为胜科公司或凯发公司提供一个贝塔值，但是你可以从其他来源找到它。新交所计算出胜科在5年内的贝塔值为1.28，而凯发的贝塔值为0.74。

贝塔值表示股票价格在一段时间内与整个市场的偏离程度。贝塔值为1，意味着股票与市场的走势完全一致。贝塔值为1.2，意味着它的波动性比整个市场高20%。如果市场上涨10点，股票将上涨12点；如果市场下跌10点，股票将下跌12点。贝塔值为0.8，意味着该股的波动小于市场，以8比10的系数上涨或下跌。高贝塔股票（$\beta > 1$）被认为是一种有风险的股票；低贝塔股票（$\beta < 1$）则风险较小。

对投资者而言，对于有风险的股票，你需要更高的回报率才对得起你持有它的风险；对于低贝塔股票，所需的回报率要低一些。完全无风险的投资，比如政府存款保险支持的银行现金，其贝塔值将为零。否则，贝塔值将始终大于零（尽管对于反向产品，如旨在做空市场的反向ETF，贝塔值将为负，即随着股票价格指数上升，空头产品股价将下降）。

分析师使用贝塔值绘制证券市场折线图，反映与贝塔值对应的预期回报。虽然这对某些人来说可能很有趣，但我在这里就不再讨论这个问题了。你可以访问Investopedia.com网站，搜索"CAPM"（资本资产定价模型），你在那里将找到一个很好的解释。

这些工具对于专业基金经理而言是必不可少的。如前所述，他们预计将"战胜市场"，因此他们需要一个统一的可量化的方法来衡量他们是否做到了。因为这些都与他们升职加薪或被解雇息息相关，同时，也是他们的基金公司吸引新客户的方式或因低回报和撤资而亏损的方式。

作为一个私人投资者，你可能只想管理好自己的储蓄，没有时间和兴趣研究那么多专业内容。但即使这样，你也可以通过研究"你的"公司与指数相比的表现，相当容易地估算出你的股票投资的预期风险。回到你最喜欢的服务提供商，绘制该公司5年前的图表，然后点击相关索引。它们是如何关联的？如果"你的"公司与指数相比，贝塔风险更高，在这种情况下，只有当你对其他指标有信心，相信它将来会比整个市场做得更好的时候，你才应该投资它。如果"你的"股票的上下波动远远低于指数图，你的风险溢价（你在银行存款利率之外需要的额外风险）可能会更小。

重要的是要考虑到投资者通常面临以下两种类型的风险。

系统性风险（Systematic risk），又称市场风险。它是由你无法控制的宏观经济条件和事件造成的，比如政府财政（税收）和货币（利率）政策。政治、环境和社会事件是系统性风险；当战争爆发时，市场可能会崩溃，我们对此无能为力。遭遇系统性风险时，我们拥有什么样的股票并不重要。

非系统性风险（Unsystematic risk），与特定行业或企业相关。微观经济事件可能导致需求转变，新的技术创新或管理问题可能导致回报下降。由于非系统性风险是特别针对某一个经济部门的，因此可以通过多样化来控制和减少非系统性风险。如果你的投资组合中只有一只股票，比如是一家石油公司，那么你的非系统性风险就会很高。假如石油过时了怎么办？但是，如果你有四只股票——一家石油公司、一家风车公司、一家太阳能电池板公司和一家潮汐发电公司——这样，你已经减少了你的非系统性风险，即使石油的需求与回报有所下降，但其他能源公司的需求和回报可能会有所增加。

当你以混合投资组合的方式来降低非系统性风险时，首先最关键的是，要考虑你选择的股票是如何相关的。这可以用相关系数r来表示。当系数r=1时，意味着有完美的相关性，即如果股票A向上移动一个点，则股票B也将向上移动一个点。这可能是一家石油公司的股票，也可能是一家天然气公司的股票。但是为了降低风险，你不希望这样，你想要相关性小于1的股票。例如，当r=0.5时，意味着当股票A向上移动一个点时，股票B向上移动得较少，仅为0.5个点。当r=0时，则意味着没有相关性；对于你的石油股票而言，它可能是来自完全不同行业的股票，比如说儿童保育。最后，如果A向上移动而B向下移动，则存在负相关，即r<0。上述四只股票——一家石油公司、一家风车公司、一家太阳能电池板公司和一家潮汐发电公司——将被视为负相关。因此，如果你想降低非系统性风险，就寻找没有相关性的投资。

正如之前提到的，系统性风险是无法真正避免的，但是，有一种方法可以评估你的投资组合的风险程度——使用标准偏差（SD）。标准偏差以希腊字母σ来表示，是评估你的投资回报在平均值周围波动程度的指标。高σ代表的是价格波动易变的股票，而稳定的蓝筹股则用低σ来表示。在金融方面，SD用于计算你过去投资的风险调整回报，以及经过考虑而投资的未来预期回报率，其中纳入了各种方案及其发生的概率。在Investinganswers.com上，有一个很好的例子可以说明。虽然计算起来有点儿麻烦，但任何具备中学数学能力的人都可以解决这个问题。

这就足以说明，你的多样化投资组合防范整个市场的系统风险的能力，总体上可以用你的投资组合的标准偏差相对于市场的标准偏差来计算。在夏普比率中，用你的回报除以标准偏差。标准偏差数值越大，代表回报越不稳定，风险越高。相反，标准偏差数值越小，则代表回报越稳定，风险越小。这也就是说，对于两个具有相同回报的投资组合，σ值较低的投资组合将具有更高的夏普指数，它会被认为在未来具有更好的表现。

分散你的风险

现在你对控制风险也略知一二了。但即使这样，也并不意味着你总能完全避开风险。它更大的意义是提醒你重视它。弗兰克·斯库利（Frank Scully）说："为什么不爬到树枝的末端？那不就是果实生长的地方吗？"在第六章中，我谈到了大多数投资都有风险的问题，但希望它与你在赌博时承担的风险有所不同。如果你根本不想冒任何风险，那么你可以查看上面的比率，并确保你的贝塔值始终为1，方差接近于0，并且你的相关系数始终为负值（−1）。这些都能满足，那很了不起，但满足这些条件的投资的回报率总是k，也就是你在银行能得到的无风险回报率。

如果你想得到高于k的回报率，你就得去冒险——你能走多远，这取决于你，这将反映你的风险偏好。假如你是一个反向投资者，你认为一旦石油库存不足，化石燃料就会反弹（显然未来有一天会出现这种情况），你可能会大量储备石油股票。但是你的相关系数为正值，你的β值可能会很高，你的σ很可能会逐步上升。你可以因为承担这个风险而得到回报，也可能会受到惩罚。

坚持"不要把所有鸡蛋都放在一个篮子里"，这句话可能有些像陈词滥调，但我想大多数投资顾问都会同意我的看法。即使选购的股票数从一只变成两三只，也能显著分散你的风险，如果投资组合中的公司如我们在前文所讨论的，是负相关的，那么就再好不过了。

这里，讲一个我自己的故事。当我的孩子们出生时，我为他们每个人开立了一个丹麦儿童储蓄账户。我选择了一家小型的地区银行——摩尔银行，他们提供的储蓄率略高于大银行。那是在20世纪90年代初，在我的记忆中，每年的储蓄率为4%～5%，但很快，它就跌破了这个水平。为了分散风险，我买了证券。而且，我买了三种产品，每种产品的资金约占总资金的1/3：高收益债券基金、银行股票和丹麦诺和诺德公司股票。我认为银行安全，它具有坚如磐石的基本面，并且能支付很好的红利。至于诺和诺德公司的A/S股票，我认为选择这个股票是有点儿投机性质的，他们主要生产治疗糖尿病的药品，在制药行业里有很多竞争对手，但他们也支付了丰厚的红利，那时，我认为，如果该公司破产了，银行股票的收益也可以弥补我的损失。但最后，破产的是银行！诺和诺德的股价却上涨了300%。2009年，我失去了投资在摩尔银行股票上的所有资金，结果发现，这家当地的小银行表面上有着不错的资产负债表，但它在西班牙和爱尔兰毫无价值的房地产开发项目中背负了不良债务。后来，摩尔银行被一家更大的银行接管了，但失去了所有的股权。债券基金做得还可以。随着时间的推移，我和母亲将36000丹麦克朗存入每个账户中，我的双胞胎儿子在他们21岁的时候，预计分别获得56000丹麦克朗——复合年化回报率约为3%。而我的小儿子满21岁的时候，他得到了更多的回报（109000丹麦克朗，约合15600美元，复合回报率约为7%），这一切都得归功于一家成功的丹麦公司！在此，我要补充说下后来的事情，双胞胎中的一个，把钱捐给了慈善机构，这样他就可以通过一项经济能力测试并有资格享受福利；另一个，明智地把他的钱作为自己公寓的首付。而那个小儿子从大学辍学，把钱挥霍在享乐上。所以大部分钱都被浪费了，但至少我觉得我努力过了！

国际化

投资的关键是多元化。你应该在不同的资产类别和公司之间实现多元化。你也应该考虑在各国之间实现多样化。如今，在另一个地区或国家投资很容易；大多数交易平台操作起来都不费吹灰之力。你可以以新加坡元、美元、欧元、日元或你喜欢的任何其他货币单独设立账户，并在该国家或地区进行交易。我以前并没有真正研究过货币交易——比如衍生品交易，货币和利率投机，这些基本上是零和博弈，因此在我看来，这并不是真正意义上的投资。资本配置应该是为了推动经济发展，而不是为了在没有实际成效的地方徒劳地进行来回交易。

然而，或许有理由观察国际经济中的货币发展。这些变化与国家间的基本经济和金融变化有关；它们是有趣的、相关的，并可能对你的投资结果产生重大影响。

当我1980年抵达新加坡时，马来西亚的货币和新元几乎是持平的。你可以在新加坡的商店里使用马来西亚硬币，直到有足够多的人意识到可以利用几美分货币的微小汇率差异进行套利交易。正如他们所说，其余的都已成为历史。我刚检查过，1新元价值约为3.07马来西亚林吉特。尽管马来西亚拥有石油、天然气、矿产、木材和鱼类等所有自然资源，但随着时间的推移，基本面对马来西亚不利，并逐渐体现在其货币价值上。

由此可见，货币是很重要的。虽然它们大多数时候，增值速度缓慢，但多年来，这种转变会对你的回报产生重大影响。在20世纪80年代末，我有朋友前往巴厘岛，在库塔海滩周围的小货币兑换商那里开设印尼卢比账户。存款利率惊人，约每年15%～16%。当大型机构投资者这样做时，它被称之为套利交易。你以低利率借入一种货币，然后以更高的利率存入另一种货币。当时美元兑换印尼卢比的汇率稳定在1∶2000左右，我的朋友们在这一交易中做得很好，可能持续了好几年——1997年美元兑换卢比的汇率仍然在1∶2400左右。然后我们都知道发生了什么，当年晚些时候亚洲金融危机爆发，卢比崩溃，美元兑印尼卢比汇率在几周内飙升至1∶12000。如果这一个月你的账户里有10万美元，那么下一个月你可能只有2万美元。今天这个汇率大概在1∶13700左右。

套利交易在账面上看起来不错，但基本面最终有赶超的趋势。在我看来，尽管整个行业都在努力做到这一点，但我认为，每天的货币波动程度是无法精确预测的。作为一个长期储蓄者，希望投资于一个基本面稳健的国家，其有经常账户盈余（这就产生了对货币的需求）、大量的外汇储备来抵御投机者，以及价格水平和通胀能得到控制。如新加坡、瑞士和挪威等国家。

美元是一个特例，因为作为世界储备货币，它似乎能够无视基本面。作为货币洗衣篮中最脏的衬衫（其他负债的主要货币是欧元、英镑和日元），在困难时期仍然需要它，尽管资本流入美国时的回报很低，但这个军事和文化强国足够安全。2015年，俄罗斯不得不突然将利率提高到17%，以阻止资本外逃；在可预见的未来，这样的事情不太可能发生在美国身上，尽管那里有一小群持相反观点的人士认为有一天会发生这种情况。

一般来说，要注意高利率货币。利率高是有原因的，很可能是因为该国缺乏资本。要么国家面临破产，要么利率很快就会下降。无论哪种情况，货币都有可能贬值，这将吞噬你在套利交易中的利润。

现在，随着互联网交易和金融服务提供商以相当低的成本提供功能惊人的软件，对投资者来说就像一个大杂烩。我应该知道，因为我是斯堪的纳维亚血统，并看到了一个真正的大杂烩！就像阿兰·杰克逊（Alan Jackson）在他著名的乡村歌曲中所唱的："某个地方现在到5点了"。总有一种资产，如果你觉得它的价格过低或者过高，你可以做多或做空。那么你确定俄罗斯股市超卖了吗？只需要买一只Micex ETF。如果你觉得它是超买的，那就减仓。马克·斯皮茨（Mark Spitz）在游泳生涯结束之后开始投资，他将资本流动与海洋潮汐进行了比较：当某个地方退潮时，其他地方却在涨潮；但总有这种流动性在到处寻找收益率。秘诀是找出它下一步会移到哪里。

预测是困难的

有一个问题是：资本下一步将向哪里转移？肯定有一些丹麦人会说："预测非常困难，尤其是预测未来。"

我记得2007年12月，我看了一份由36位美国金融分析师针对2008年展望的调查报告：其中35人预测经济增长缓慢；1人预测经济衰退。而那时，2007年12月，经济衰退已经开始，数据显示出来的时间要晚得多。截止到2008年9月，在雷曼兄弟公司破产后，美国陷入了自1929年以来最严重的金融危机；2008年有800万人失业，经济萎缩了0.3%，2009年又萎缩了2.8%。而36个人当中只有1人看到了这一情况！

整个2013—2014年期间，我们都被告知人民币是如何被低估的。然而在2015年发生了什么，它上升了吗？没有，相反，人民币贬值了，大家显然都被吓了一跳。突然间所有的新闻都是关于中国经济危机的。金融评论员很擅长就已经发生的事情和原因进行长篇大论，然后分析原因。以我的经验来看，他们不太擅长对未来进行预测。

维克多·尼德霍夫（Victor Niederhoffer）和劳雷尔·肯纳（Laurel Kenner）在他们的《实践推测》（*Practical Speculation*）一书中，以金融业为例，展示了一位金融战略家在一年内准确预测市场的发展，每个人都认为他是天才，而实际上，市场数据随时间的推移是随机的。第二年，同一位专家可能会弄错，但没有人会听说这事。有点儿讽刺意味的是，尼德霍夫和肯纳表明，一个赛季的棒球本垒打次数与道琼斯工业平均指数呈很强的负相关关系，事实上，这是一个比公司盈利更好的预测股价走势的领先指标！

2006年，彼得·希夫正确地预测了金融危机。当时的一些视频今天仍可在网上查阅，令人警醒的是，当时大多数其他评论员不仅不同意希夫的观点，甚至还公开嘲笑他敢于暗示美国经济和楼市不会永远增长。2008年的事件证明希夫是正确的，他百分之百地证明了这一点。但遗憾的是，在那之后他有很长一段时间没有做出正确的预测了。他预测美元即将崩溃，将发生恶性通货膨胀，黄金价格将达到6000美元/盎司——至少目前还没有发生。

所以，对于那些金融电视和网络聊天室的所有言论的信任都打个折扣吧。经常问问自己：评论员是否保持中立的观点，还只是在此为他工作的债券基金发言？我的观点是，基本面胜过所有短期的谈话。泡沫最终破裂。这可能需要一年，也可能是两三年或四年的时间，但在所有的恐惧或繁荣以及所有暂时的扭曲都消失之后，价格最终会回到由基本面决定的历史平均水平值。直到这一天来临前，你都将与孤独为伴，你必须在投资市场上找到自己的位置。

第九章 资产组合

伊多乌·科耶尼坎
Idowu Koyenikan

金钱总是乐于为任何愿意使用它的人服务。

正确的资产组合

在金融专家中，我喜欢麦嘉华，他说话的风格很合我的口味。他总是按照自己的看法来表达。网上有一则他的视频。2015年8月15日，他在新加坡亮相时表示（引自我的笔记）："作为一名投资者，你应该考虑全球事件，试着确定有需求的行业。在1987年股市崩盘时，应逢低买入，是的，这是一个买入的好机会，但是，那时候很多人已经没有钱了！关注宏观经济事件的同时，也要关注市场情绪和技术指标。从羊群心理中解脱出来；注意那些人们没有看到的东西。当金价很高的时候，每个人都会囤积黄金！现在资产价格的泡沫比2007年的时候要大得多。不要使用杠杆收购，这样在你遭受打击之后，还能恢复。关键是要保守。我们不知道未来会怎样。进行债券、股票、黄金、房地产和现金等多样化的投资。"

这个建议很好。关于股票市场，如果你没有兴趣或没有时间来掌握我们在前面两章中谈到的所有选股技巧，那么就请采取沃伦·巴菲特的建议：购买指数！但如果你记得第四章中的"不要像我一样做"的笑话，巴菲特事实上并不总是像他说的那样。巴菲特在2013年接受采访时说："每个月都要存点儿钱，投入股票指数基金。不要把花剩下的钱拿来存，而是把存剩下的钱拿来花。"但在受到采访者质疑也许无法打败市场时，巴菲特又补充说道："如果我认同这个理论的话，我也许还在送报纸。"也就是说，投资指数基金，大多数人无法打败市场，只有少数人可以。

ETFs（交易所交易基金）

在我看来，兼职投资者应该两者兼而有之。当你开始赚钱的时候，投资股市指数ETF。这种被称为"美元成本平均法"的技能适用于许多人。这种方法就是，你定期向你喜欢的资产类别投入固定金额，比如说每月500美元的股票指数基金。当指数上升时，你得到的单位就会减少，当指数下降的时候，你会得到更多的单位。随着时间的推移，你建立起一个合理的平均价格。

一只值得认真考虑的股市ETF是跟踪标准普尔500指数的。标准普尔500指数通常被用作基准，因为它与世界上最大的经济体相关联，并以美元（世界储备货币）计价。但是，如果你居住在新加坡，你的ETF可能需要追踪STI指数。如果你居住在其他地方，你可以使用当地的指数。如果你真的想要多元化，有一个由Ishares提供的EFT，它跟踪MSCI全球指数，该指数依次追踪23个发达地区市场和23个新兴市场的股票。在股票领域，不可能有比这个更加多元化的了。

或者，一点一点地分散到你所信任的地区。在可能的情况下，购买该区域EFT的组合，如欧洲股票EFT或环太平洋地区、新兴市场或纽约证券交易所大盘股EFT。是的，无论如何都要像巴菲特那样尝试（而不是按他说的那样做）。当你有额外的手段、兴趣和商业经验来了解与股票相关的事情时，再在你喜欢的公司中挑选股票。记住戴维·郭（David Kuo）的金字塔结构；只有先打造出坚固的基础，才有可能降低你的投资风险。

关于ETF与共同基金的一个简短介绍。共同基金被称为积极管理的基金；他们有一个由分析员和经理组成的管理团队。有了这样的基金，你就会立即实现多样化——因为一只股票基金是由多只独立的股票组成的，债券基金则会拥有许多不同的债券。从招股说明书来看，基金的确切构成应该是透明的。然而，你不能免受系统性风险的伤害，如果利率上升或资本流出你所在的地区，固定收益基金的价值就会下降。共同基金通常通过银行和财务顾问出售。不过，由于管理者的原因，共同基金的交易费用也比较高，所以要仔细评估每一个基金的成本。买入价和卖出价之间的利差可能很大，大概是3%~4%，所以只要你签了基金买卖合同，交易费用就会自动被划走。每年基金交易费用所占比率可能是1.25%~1.5%。有些年份你可能只有3%~4%的回报；而共同基金的交易费用会把你的一大部分利润带走。

顾名思义，ETF是一种在交易所上市交易的、基金份额可变的一种开放式基金。因此，它们全天交易，与共同基金不同，共同基金仅在每天交易结束时计算一次其净资产价值（NAV）和单价。ETF是一种投资工具，可以投资股票、债券或商品等任何东西。股指ETF只是通过复制来跟踪指数；它将以正确的比例买入和持有指数中的股票；这对积极的管理和决策的需求就没那么多了，因此，ETF不仅流动性更强（全天交易），而且支出比率更低，利差更小，即交易和拥有成本更低。据《海峡时报》的Goh Eng Yeow说："大多数EFT只收取0.25%～0.3%的管理费，而单位信托基金收取的管理费则为1%～2%。"近年来，ETF越来越受到投资者的欢迎，尤其是在白天进行操作的交易员和其他活跃的投资者，他们在网络平台上自己进行交易。

管理ETF的公司实际上并不拥有所管理的资产。例如，在股指基金中，股份将由不同的法人托管金融公司以信托方式持有。所有者是投资者。如果ETF供应商破产，你仍然会拥有这些资产，并在出售时拿回你的钱。但是，由于这些股票不是以你的名义注册的，因此不会邀请你参加年度股东大会（AGM）等，这在前面已经提到过。但你会得到股息。在股票ETF中，股息被汇集起来，通常每年一次或两次分阶段支付给投资者；债券ETF的付息频率很可能是每月一次或每年至少支付10次。通过这种方式，你就可以计算你的收益率和年回报率。

用乔治·奥威尔（George Orwell）的话说，所有的ETF都是平等的，但有些则比其他的更平等。所以，在点击"购买"按钮之前，先做好功课。合成ETF利用衍生工具复制标的资产，它们的杠杆率可以是1、2或3，并且有衰减的时间，这有点像期货。为了战胜市场，智能贝塔ETF并不是百分百地跟踪指数，在分析各个股票的质量和增长前景后，对各公司的组成和权重进行调整，以提高业绩。所以，请注意风险，并确保您了解使用这些不同方法的回报。

这就是为什么在新加坡，只有经过认证的投资者和有金融背景的人才被允许交易所有可用的ETF。目前，在新交所上市的87家ETF中，有19家被列为EIP（不包括投资产品），向所有投资者开放。在MAS网站上可以查看开放式的基金和中央公积金投资计划允许的基金；它们已经被监管机构批准，因为它们不那么复杂，多样化程度很高，费用支出比率较低，理论上风险应该较小。

先锋集团（Vanguard Group）以较低的成本出售了许多ETF，其中还有成百上千的其他产品可供投资者选择。贝莱德公司（BlackRock Inc.）的iShares和道富环球顾问公司（State Street Global Advisors）的SPDR（发音为"蜘蛛"）ETF是另外两大集团的产品，它们几乎做相同的事情。你只需在谷歌上搜索或者访问彭博或雅虎财经等金融网站就能了解。我没有使用先锋集团的网站搜索信息，他们只是世界上最大的共同基金提供商和第二大的ETF，其费用比率大概是同类业务中最低的，他们应该是靠业务量降低了成本。

先锋基金以及这里提到的大多数其他基金都存在同一个问题，就是它们的总部都设在美国。因此，当你买入这些债券时，你将因持有美元而面临货币风险。如果你通过在线平台进行交易，并且产品未以你的名义列出，你的股息将被扣除30%的美国预扣税。我不确定每个国家都是如何运作的，但我知道在挪威，对海外投资者的股息征收15%的税；在丹麦，税率是27%，但如果产品是以你的名义购买的，您可以申请退款，税率可以降低到15%。

这是我喜欢新加坡的一件事：没有股息税或资本收益税。这里的观点是，公司已经为自己的收益纳税（17%），所以任何对股息的进一步征税都将是双重征税。在美国，公司首先支付26%的所得税，然后投资者再额外支付30%的股息税。我并不讨厌交税，我相信国家在保护社会和环境方面有一定的作用，我们都应该支付我们的公平份额。但"公平"是关键词。在新加坡，价格是公平的，我们不会被迫为战争、非法移民、农业补贴以及膨胀的、多层次的官僚机构买单，所有这些都不利于我们的福利。

让你有空去钓鱼的投资组合

正如你前面看到的一样，和大多数其他财务顾问一样，麦嘉华也是建议持有多种资产。这种组合究竟应该如何组成，也是业界争论不休的一个话题。结论必须是，没有一个模式适合所有人。

同样，资产组合的构成，主要取决于你的年龄。有人说，如果你从100减去你的年龄，你就会得到你应该持有股票的百分比；其余应该保留在投资级债券和银行存款中。

但是，每个人对待风险的态度不尽相同。那些喜欢走钢丝穿过大峡谷的人可能喜欢拥有一些风险更大的资产类别，例如初创互联网公司的股票。而那些希望在晚上安心睡觉的人，他们应该把大部分的钱投入拥有BBB以上评级的政府有价证券。

我发现最接近一刀切的投资策略是"让你有空去钓鱼"的投资组合概念，就像亚历山大·格林（Alexander Green）在他的优秀著作中以这个名字描述的那样。副标题是"变得聪明，变得富有……并继续你的生活"。

"让你有空去钓鱼"的资产配置模式非常简单：你把70%的资产分配在股票上，30%的资产分配在债券上。这也许不是那么富有原创性，但格林提供了更具体的建议。他推荐持有10只不同的先锋集团（Vanguard）基金，并提出了持有每只基金的比例（图14）。你可以在互联网上找到它们，检查当前的价格、分红收益率、费用比率和其他条款等相关情况。格林称这是投资的圣杯："不是因为这样投资会产生令人惊喜的回报，尽管这种情况可能会不时发生……因为以这种方式投资，会产生高于平均水平的回报，并且波动性低于平均水平。它可以让你把时间花在你想做的事情上。"

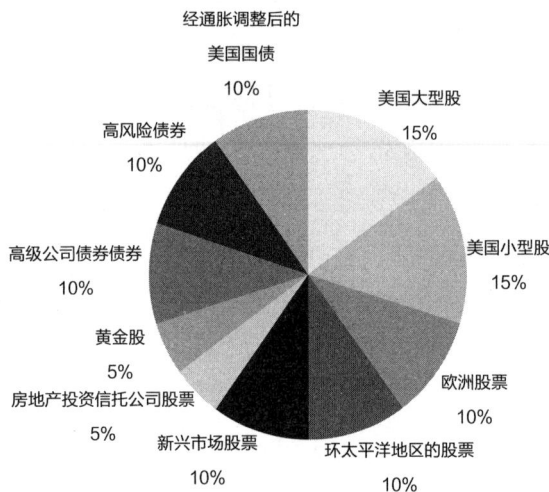

经通胀调整后的
美国国债
10%

美国大型股
15%

高风险债券
10%

高级公司债券债券
10%

美国小型股
15%

黄金股
5%

欧洲股票
10%

房地产投资信托公司股票
5%

新兴市场股票
10%

环太平洋地区的股票
10%

图14　"让你有空去钓鱼"的资产配置比例图

　　你可以通过Gonefishinportfolio.com网站，检测格林做的是否正确。我上次查看的时候，发现他似乎做了几乎不可能达到的事情：

击败标准普尔500指数！这样做的好处就是，你可以把一切都抛在一边。格林建议每年检查一次，然后调整分配。在用新的百分比匹配之前，多买一点当年下跌的股票，然后卖掉一些上涨的股票。

它的美妙之处在于，不涉及个人情感因素——它就是纯粹的数学——因为我们知道情绪和非理性的期望往往会阻碍合理的判断。而在这里没有它们施展的空间。重新调整后，你只需要将投资组合再持有一年。根据格林的说法，你在投资管理上花费的总时间：每年仅需20分钟！然后剩下的时间，你就可以去钓鱼啦。你的理财顾问和所有建立在线交易平台的金融服务商可能不喜欢这种投资组合：这样一来，他们能赚取的服务费可就不多了。那么请诚实地回答自己：你是想帮助他们，还是想帮助自己呢？

不可靠的保险

这就是我对保险的全部看法：不要去买保险！我在第二章中简单地谈到了这一点，现在我也没有改变主意。好吧，如果你觉得自己属于高风险类别人群，也许你可以从保险中获益。保险基本上是一场赌博，你在赌局中对自己下注。如果你是一个鲁莽的司机，你从保险公司得到回报的机会可能比你小心驾驶的机会还要高。所以高风险驾驶人员应该买汽车保险。容易生病的人应该购买健康保险。生活在高犯罪率地区的人们应该买一些盗窃保险。

但就像我们在第四章中看到的那样，数字不会说谎。你必须尊重它们。如果你认为自己的风险水平一般（或略高于平均水平），从长远来看，投资保险会对你的财务健康不利。是的，也许你明天会发生意外，但从那之后，你有可能会平平安安再无意外地活40年，谁知道呢。这就是为什么你应该相信数字，而不是直觉。你的直觉是错误的，你的恐惧是非理性的，它会误导你，使你付出代价。

你知道政府是不买保险的吗？政府是自我保险的。他们有一些储备，一旦发生了问题，他们就用自己的储备来解决。这是一种既便宜又简单的安排，而且还节省了大量资金。所以我们也应该像政府一样，自我保险。

我知道这并不适合所有人。对于大部分人来说，保险在某种程度上是他们财务规划的一部分。我从所有行业谈话和专业人士与客户的访谈中看到了这一点。我承认这些。但这并不意味着他们就是正确的。人们并不总是能做出明智的选择。

我所能做的，也只有抬头仰望市中心巨大的友邦保险大楼，内心不禁自问道："所有的钱——建造这座大楼以及雇用众多人员的费用，都是从哪里来的呢？它来自客户、潜在客户，还有你。"除了友邦，还有英国保诚、大东方人寿、英杰华集团等十几家保险公司——无一例外，他们都有着雄伟的总部大楼。我知道你会说什么：银行也是如此呀！没错，但银行实际上是可以通过资助实体经济活动来实现增长的。无论如何，你都无法避开与银行的合作；如果你想做生意，你需要一个银行账户。但保险就不是必备的，除非你拥有一辆汽车，你可能需要强制性的第三方保险，或者为了有资格获得抵押贷款，你可能需要购买家庭保险。除此之外，你与保险公司的合作，都是由你自己决定的。你是自由的，你完全可以利用这份自由，对它说不。

根本原因还在数字上，它们对你不利。保险是一场零和游戏，但它又不是完全的零和：第一个受益方是保险公司，另一个受益方是所有做出错误生活选择的人，当然还有那些在车祸和盗窃保险上公然诈骗的人。而这些费用由谁支付呢？当然是诚实的顾客！也就是那些老实缴费，却认真生活、从不领取保险的人。所以在你购买保险时，你实际上是对自己进行一场赌博——你为什么要这样做呢？

我们已经确定，如果你继续在赌场赌博，你将永远失去你所有的钱。总体而言，保险客户总是输家；他们捐钱给摩天大楼的主人和他们的经纪人。而赌场——在这种情况下就是保险公司——总是赢家。和赌场一样，保险公司也雇用了数学家和统计学家，用来研究总是对其有利的赔率。

你会问，如果我生病了，我也不需要医疗保险吗？对，你不需要。新加坡政府从2015年11月起就为所有居民提供了一般基本住院保险——终身健保（MEDHIELD LIFE）计划。只有当你想住私立医院的豪华套房时，你才会需要商业保险，但又有谁会这样选择呢？生病的时候，你就不要想着过奢侈生活了；你唯一的念想应该就是：赶紧康复，早日出院。一般来说，你自我保险的一项措施就是：存一笔钱，以帮助你渡过难关。把你原本需要支付给保险代理的钱存起来，并把它投资在一个低成本的"让你有空去钓鱼的"投资组合里，看着它增长。是的，还有一些规则需要遵循，为了协助你，你可以与你的银行签订每月或每年自动付款的协议或其他自动借记协议，这就像你在支付保险费时所做的那样！

人寿保险也是如此。不要对自己下赌注。请自私一点，如果你死了，让你的家属自己照顾好自己。如果你真想帮助他们，一定要有一些储蓄，或者保留一些他们可以继承的房子或金币收藏品。而不是通过供养保险业的方式来帮助他们。

如果你想买一份保单，仔细看看吧。他们向你承诺的投资回报——他们有保证吗？很可能不会，所以忘了那些吧。从过往经验来看，保险公司的回报不太可能超过基准线，特别是考虑到它们所带来的巨额开销。你最好把钱留在你的公积金账户里，或者买分红指数股票。世界上到处都是聪明的保险代理人，他们向不需要、不了解甚至负担不起的人们出售复杂昂贵的寿险保单。

这里有一个真实的故事。杰弗里·龚给新加坡《海峡时报》写了这样一封信："我的10年养老保险最近到期了，收到的回报低于10年内支付的总保费。其中有一部分原因是需要支付投资基金管理费、保险死亡率费用以及保单管理费。"我的话就到此为止了。

在结束这个话题之前，我还想谈谈保险的另一方面，因为我知道大多数人不会接受我的建议，尽管这显然符合他们的最大利益。2009年，当美国经济陷入衰退，数百万人失业时，我看到CNBC的一次采访，这位刚失业的男子告诉采访者："现在我没有工作了，我也失去了全面的健康保险。为此，我开始了更健康的生活，我已经戒了烟，经常锻炼，并且杜绝了暴饮暴食的不良习惯。"记者认为这听起来很合理，但我忍不住想：这些人是在认真听吗？这家伙真正想表达的意思是：之前，因为他有健康保险，无论怎样生活都不怕，如果他生病了会有其他人为他的医疗费买单。汽车保险也是如此。它给你带来了强大的经济刺激，让你敢撞上一些东西。如果你有家庭保险，只有在发生大量入室盗窃的情况下，你才能成为众多保单中获得赔偿的那一份。如果你有人寿保险，只有在你去世后才会得到赔偿。总是对自己下注，这就是你想要的生活吗？

你期望得到什么样的回报？

现在你已经建立了一个投资组合，你期望看到它增长，并产生回报。对，能回报多少钱？让我们首先确定我们所说的回报是什么意思。正如我们在第六章中看到的那样，收益率就是用你的收入除以你的投资成本：

收益率=收入/本金

要计算投资回报率，还要计入你的资本收益（或损失），如下所示：

回报率=（收益+资本收益）/本金

当然，这是在规定的时间内，比如一年。如果你以8美元的价格在1月2日购买了股票，然后它支付的股息是每年50美分，你的收益率为0.5/8=0.0625=6.25%。假如你在12月31日以9美元的价格卖出股票，那么第一年的回报率就是：

$$[0.50 + (9\text{-}8)]/8 = 1.5/8 = 0.1875 = 18.75\%$$

如果你没有卖出这些股票呢？你的回报率是一样的，但这种情况下，你拥有的是纸面上的收益；如果你不想卖出去，明年股票可能会跌至7美元。你当年的实际收入真的只有50美分。

让我们假设一下，你用股息购买了更多的股票，这样一年后，你现在的净资产就是9.5美元。如果你能保持18.75%的年回报率，你的投资收益就是9.5美元乘以1.1875，相当于$8 \times 1.1875 \times 1.1875$或者$8 \times 1.1875^2$。同样，第三年，就是$8 \times 1.1875^3$，以此类推：

初始年：8美元

第1年：$8 \times 1.1875 = 9.5$（美元）

第2年：$9.5 \times 1.1875 = 8 \times 1.1875^2 = 11.28$（美元）

第3年：$11.28 \times 1.1875 = 8 \times 1.1875^3 = 13.40$（美元）

......

第22年：$295.39 \times 1.1875 = 8 \times 1.1875^{22} = 350.78$（美元）

一般来说，你的资本C在N年后将是：

$$C（n）=C（0）\times（1+R）^n$$

其中，C（0）是你开始使用的资本，R是你的年回报率。

认识这个公式吗？我们在第六章中使用过，通过PV（现值）计算出FV（未来值）！这是计算复利的经典公式，它是自切片面包以来最伟大的发明！我们引用一段爱因斯坦曾说过的话："复利是世界第八大奇迹，知其者赚，不知其者被赚。"所以一定要懂它。

如果你想知道需要多长时间才能把你的投资翻倍，那么在金融领域有一个有趣的"72规则"，上面写着$n \times r\% = 72$。换句话说$n = 72/r\%$。所以，如果你的回报率是每年18.75%，你大约需要（72/18.75）

年，约4年的时间，才能使你的钱翻倍。或者，你可以从弗兰克·哈伯德（Frank Hubbard）那里得到一个暗示："让钱翻倍的最安全方法就是把它对折起来，然后放在你的口袋里。"

另外一个数值问题值得你注意，对于一段时间内的复利，这个算法不适用于计算平均值。如果你的投资组合一开始的价值为1000美元，第一年为1 500美元，第二年为900美元，算术平均值则为（+50% −40%）/2=+5%。但事实显然并非如此；投资组合价值没有增加，而是下降了！相反，使用几何平均值，平均投资组合回报将是 $[(1+0.50)(1-0.40)]^n-1$，其中n是年数的倒数值，这里为½，所以得出−0.09或−9%，这更有意义。

那些账面收益呢？从理论上讲，当资产泡沫膨胀时，你的投资组合的价值可能会在"好时机"中飙升，而你的回报率看起来也很不错。但这并不是真正的收入，除非你清算了所有的投资，而通常你不会这么做。在其他年份，当经济衰退或通货紧缩时，价值可能会大幅下降，因此，即使收入流正常，投资组合的回报率也可能为负。你怎么处理呢？

向大公司学习

为什么要向大公司学习呢？新加坡政府投资公司（简称GIC），他们与新加坡金融管理局（MAS）一起联手管理新加坡政府的预算盈余和养老金储蓄等准备金。根据它的投资政策，GIC被视为主权财富基金（SWF）。

相比之下，国家财富基金（NWF）则积极参与了运营资产的管理。新加坡的第三个公共投资实体就是一个NWF：淡马锡控股公司。该公司为政府全资拥有，但独立经营，主要投资于新加坡和亚洲其他地区的公司。淡马锡不管理养老基金，因此可能承担更多风险。与GIC不同的是，淡马锡拥有完全透明的投资政策；根据其网站显示，淡马锡拥有2660亿新元（2015年）的投资组合，自1974年成立以来，每年复合的股东总回报率令人印象深刻，每年为16%。淡马锡将33%的资金投资于非上市公司，33%投资于大型公司（即持有20%以上的上市公司股份），以及34%的资金投资在小型上市公司和流动资产中。

但这不代表作为私人投资者的你应该这样做。你的方法应该更加保守，应该采取像GIC的方法。GIC不披露其资产；因为它与负责管理新元汇率的MAS密切合作，所以它不能对货币投机者开放。在GIC的网站上，他们只是说他们管理的资金远远超过1000亿美元，投资于40个国家，涵盖6个核心资产类别。

一个有趣的细节值得注意：淡马锡致力于发展新加坡当地和邻近地区的经济，但GIC只投资海外。这项政策在公众中已经引起了争议，但到目前为止，GIC仍坚持自己的立场；它不希望被视为当地资本市场的支柱；它所有的资金都投资在新加坡以外的大型成熟经济体的安全避风港中。

根据主权财富基金研究所（Sovereign Wealth Fund Institute）的数据显示，GIC是全球第八大主权财富基金，管理着3440亿美元的资产。其最重要的资产类别分别是名义债券和现金工具（32%）、发达市场股票（29%）、新兴市场股票（18%）、私募股权（9%）、房地产（7%）和通胀挂钩债券（5%）。GIC的回报呢？根据你选择的截止时间，情况会有所不同，根据他们网站上的资料，截至2015年3月的财政年度，不受货币因素影响的20年年化实际回报率为4.9%。通货膨胀率在这一期间为2%~3%。其5年内美元名义回报率为6.5%，10年内为6.3%，20年内为6.1%。

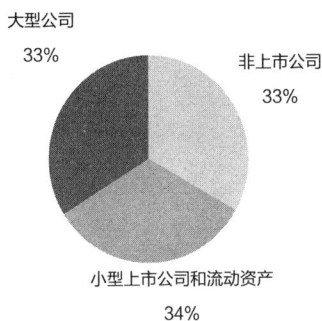

大型公司
33%

非上市公司
33%

小型上市公司和流动资产
34%

图15　淡马锡的资产配置（2015年）

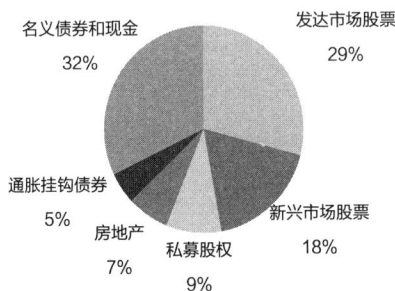

名义债券和现金
32%

发达市场股票
29%

通胀挂钩债券
5%

房地产
7%

私募股权
9%

新兴市场股票
18%

图16　GIC的资产配置（2015年）

我认为，你可以考虑把GIC收益率作为你的基准。作为一名私人投资者，请忘掉淡马锡控股，他们是拥有并经营大型公司和小型初创企业的积极投资者。GIC拥有保守的投资策略，有一点你会认同：不能因为投资冒失去养老金的风险！GIC拥有最优秀的投资经理和顾问，公司董事长是新加坡总理——没有比这个更官方的了。如果你的投资组合能获得6.5%的年化回报率，通货膨胀后大约为5%，那你做得就很好了。如果你得到的回报更多，那么你在这场比赛中就已经打败了那些大公司。

那么账面收益（损失）呢？你是如何处理这些的？新加坡政府也有一个公式，即净投资收益（NIR）框架。它允许政府从GIC、MAS和淡马锡的预期总投资收益（收入加资本收益）中支出高达50%。实际金额可能因情况而异，但通常NIR的收入每年为政府预算贡献约70亿～80亿新元。其余的收益将进行再投资，以确保可持续性。所以有了这个公式，你可以向其学习：每年1月，计算出你上一年的NIR，未来一年中，你可以花掉一半，再投资一半。

即刻执行

让我们试想一下，如果GIC只接受巴菲特的建议并购买了指数，会发生什么。请记住，GIC在5/10/20年内的名义回报率（美元）分别为6.5%、6.3%和6.1%。过去10年来，金融危机和所有标准普尔500指数的复合利率均上涨了4.8%；平均收益率为2.2%，10年期美元总回报率为7.0%，5年期复合回报率和再投资股息为14.0%。20年来（GIC的首选时期），这一比例为8.2%。考虑到GIC在全球10个城市设有办事处，并拥有1200名分析师、策略师、经理和秘书，他们中的大多数都可能会被解雇，新加坡办事处的少数会计师只需购买标准普尔500指数，即可在你考虑的任何时期都取得明显更好的结果！

其他机构投资者做得更好吗？对此我表示怀疑。《纽约时报》在2015年曾报道过："对冲基金行业连续六年表现不佳。去年对冲基金的平均回报率为3%。为此，投资者每年必须支付2%的管理费和20%的回报"。这里还有来自《海峡时报》的一句引语："根据达尔巴研究公司最近的一项研究，过去20年中，股票共同基金的典型回报率约为市场收益（8.2%）的一半（4.25%）。"

这对普通投资者来说是一个教训。你可以打败大公司（BIG BOYS）。但你必须有纪律和耐心，不要被日常财务谈话、交易和恐慌所束缚。只需建立一个"让你有空去钓鱼"的投资组合，或者购买一个跟踪股市指数的ETF，就可以放轻松了。你每年只需要花一两个小时检查和重新调整该组合。你不能打败淡马锡；但你可以通过这种方式击败GIC和大多数对冲基金、保险公司以及其他机构投资者。

纳西姆·塔勒布（Nassim Taleb）是一位从事金融和投资工作的数学家和哲学家。他得出的结论是，金融市场和生活中的大多数其他事件都是由一定程度的随机性驱动的。在他最著名的《被随机愚弄：发现市场和人生中的隐藏机遇》一本书中，他提出的许多有趣的观点之一是，通常投资者从损失中得到的痛苦要比从收益中得到的快乐多得多，而收益往往因为被忽视而没有给人太多的乐趣。因此，塔勒布的结论是，由于市场每天和每周都在波动，如果你经常检查你的投资，你会感到受伤和痛苦，因为痛苦感会压倒幸福感……如果你一年中，只检查一次（在年底），你只会感到快乐，就会避免所有的痛苦。所以我的建议是，尽可能少地检查你的投资，最好一年只检查一次。不是每个月，当然也不是每天——这只会让你感到痛苦。

但我们这些普通投资者，真的可以打败大公司吗？我们看到，我们要做的就是购买并持有股指——其实选择哪个指数或在什么时候购买都无所谓。几乎任何一个指数都会自动运作，除了一个与日本市场有关的指数，它从未完全从1990年灾难性的崩盘中恢复过来。然后我们每年检查一次，并重新调整投资组合。这将使我们富裕和满足。不幸的是，大多数人都做不到这一点。

我依据新加坡中央公积金局（CPF Board）的分析得出这个结论，它是新加坡养老金计划管理者。CPFIS（CPF投资计划）允许会员（账户持有人）投资他们的储蓄，我不想详谈，因为这里的条款很多（它们有点复杂，但易于从CPF网站上获取）。重要的是，所有获准的产品，如蓝筹股、低风险共同基金和一些ETF，都已获得CPF董事会的批准。这样就可以剔除一些可疑的产品，如亏损的低价股票公司、黄金回购协议等。尽管如此，大多数自筹资金的CPF成员获得的回报无法超过CPF普通账户利率（目前为每年2.5%）。2014年，902300名投资者出售了他们的CPFIS投资。只有15%的人的年回报率高于2.5%；45%的人的年回报率在0%～2.5%之间；40%的人赔钱。这项调查没有考虑到15%的人中有多少人的年回报率是超过4%的。如果你把你的中央公积金资金（CPF）从普通账户转入特别账户——你得到的利率显然会更低。但不管怎样，我们得出的结论是，大多数普通投资者最好不要自己尝试投资。让GIC来做吧，至少他们不会让你赔钱。

未来的未来

正如麦嘉华所说：我们不知道未来。这是一个显而易见的事实，但却是一个需要牢记的重要事实。研究时间的人强调没有"现在"；一旦我们到达未来，它就变成了过去。这就是为什么我把现金转移到我妻子的CPF特别账户，以最大限度地解决这个问题。我希望能用我们大部分的资本做到比每年4%更好的回报。但万一我做不到，4%的复合回报率也不是那么糟糕；放在那里的钱哪儿也去不了，但起码我的妻子有希望在某一天得到一笔还不错的政府管理的年金。

我从1971年开始投资，而且从那时起，每天我都会把日报上的内容从头到尾地阅读一遍。我还记得约翰·F.肯尼迪被枪击的那天我在哪里。我从未享受过超级富有的生活，我想现在停止工作有点太早了。当然这也不是我的目的。我的目的是自由——自由地做我想做的事情，同时也不必担心经济问题，不必依赖政府的救济——这就是我的想法。

当今这个时代看起来很艰难，可能是我这辈子最感艰难的时候。我一直在看数字，但它们就是增长不起来。我们被那些口若悬河的男士和面带微笑的女士们的声明轮番轰炸，我建议你把他们所说的话都沥干水分。不过，总的来说，我同意盛宝银行在其2015年第四季度展望中所做的这一评估："未来5年，股票和债券的预期数学回报率均保持在接近或低于零。"

为什么会这样呢？我并不知道这一切，所以我也没有答案，但我确实有一些想法。我将在下一章详细阐述这一点。这与我们自然环境的局限性有关。在我看来，我们终于没有空间可以发展，也没有廉价且易于回收的资源可以使用了。这是一个复杂且极具争议的主题，我无法在几页内做全面介绍。有专家一辈子都在为此而努力，所以我可以给你指出一些来源，如果你感兴趣的话，你可以自己去探索细节。在此基础上，我可以得出一些自己的结论；对我的意见，你可以自己决定是否同意。

第十章 这是一个资源有限的世界

爱德华·艾比
Edward Abbey

为了增长而增长的意识形态，是癌细胞的意识形态。

经济增长会有限制吗？

1972年，我读大二的那一年（也是我大学最后一年），《增长的极限》（*The Limits to Growth*）这本书出版了，在当时引起了很大的轰动。这是严肃的研究人员首次对西方国家的增长模式提出质疑。这本书研究了人口、工业生产、粮食、环境污染和不可再生资源的枯竭——并一一预测了它们的未来趋势。作者利用当时刚刚开发的计算机模型得出结论，如果经济延续现有模式，经济增长将会导致环境崩溃。在21世纪的某个时候，平均生活质量会下降。只有立即采取措施，控制人口增长和消费，才有可能避免最终的崩溃，才有可能建立一个可持续发展的世界。

《增长的极限》很快就被人遗忘了。世界末日的预测者一次又一次被证明是错误的。我们总是想办法继续增长。当我开始从事石油工作时，我们被告知石油资源只够再用40年。而40年后，我们又被告知石油资源只够再用40年。你可能会问，这有什么问题吗？

1798年，托马斯·马尔萨斯（Thomas Malthus）撰写了他的名著

《人口理论》（*An Essay on the Principle of Population*），他在书中预测，欧洲失控的人口增长速度将超过粮食生产速度，这将引发饥饿、疾病、战争，从而最终导致崩溃以及人口减少。这并没有发生。工业革命、石油、电力的奇迹，以及看似无限的能源和生产力，都给人类带来了好处。当欧洲国内资源耗尽时，各个国家就扩展到殖民地去获取更多的资源。正如我们在第三章中所看到的那样，无论是马尔萨斯之前的亚当·斯密，还是在他之后的马克思或恩格斯，都没有考虑到增长的极限。这个"短命"的阵营只是多次哭喊着狼来了，而我们已经学会了不把它们当回事。不是这样吗？

今天我不太确定。事实上，几年前我终于买了《增长的极限：30年更新版》（2004年版本）。真是让人大开眼界。所有从事商业、政治或任何其他有影响力的人都应该阅读这本书。事实上，作者从未在1972年预测过极限会突然到来，这是我的印象。他们没有说有一天我们醒来发现，突然就没有食物了，也没有石油了。极限不是这样的。作者德内拉·梅多斯、乔根·兰德斯、丹尼斯·梅多斯在书中反而写道："人口和物质资本的扩张，将逐渐迫使人类把越来越多的资本用以应对众多制约因素共同作用所产生的问题。"这些制约因素包括种植粮食的良好土地、海洋中的鱼类、容易获得的矿产资源以及他们所说的"地球吸收工业和农业排放的有限能力"。

作者对延续原有的经济模式的后果进行了惊人的预测：延续1972年以来的商业活动，到了千禧年之际，地球上的总人口将达到约60亿人之后，情况会变得越来越糟糕。作者在他们的更新版本中写道："即使在最悲观的增长极限情况下，直到2015年，物质生活水平也一直处在增长状态。"从1972年开始，我们至少有40年的时间可以准备应对崩溃的措施，但我们什么也没有做，或者做得根本不够多；所以现在崩溃是在所难免的。

收益缩水

对增长的制约因素开始接近我们。以能源为例。当然，地面上还有很多石油，但正如作者所说的，我们被迫地向其"逐渐转移越来越多的资本"，以将其挖掘出来。在能源业务中，有一个叫能源的投资回报（EROI）的概念。在过去，在得克萨斯州西部以及后来在中东的沙地钻探浅层石油，只需要使用一桶石油的能量就可以获得100桶石油。看我20世纪70年代在北海钻机上拍的照片时，钻机上只有一个司钻，他前面有几个模拟仪表，还有3个操作钻杆的钻工。整个操作很简单，几乎不需要什么成本。当你打开阀门时，石油就会自动涌出来。当时的EROI大约是30：1。当我看现在海上设施的图片时，发现了令人吃惊的转变。操作的复杂性大大增加了，操作中的所有其他内容也随之增加：安全功能、法规、管理、技术。唯一没有增加的是每口井的产量——产量越来越小。

理查德·海因伯格在他的书《当增长停止》（*The End of Growth*）中表明，沙特原油的EROI比率仍然不错，为40：1（成本为每桶20美元）。全球石油工业的平均水平约为18：1（成本为40美元）。随着我们缩小规模，这些数字变得至关重要。对于超深钻井，如在巴西近海和北大西洋，你每投资1桶才能收回8桶（成本：60美元以上/桶）；对于像加拿大艾伯塔省那样的石油焦油砂，EROI进一步下降到3∶1，每桶成本增加到80美元以上。美国水力压裂技术应用于页岩地层的证据表明，许多项目根本不划算。雪佛龙公司首席执行官约翰·沃森对《财富》杂志说："页岩的独有优势是急剧减少的。你钻了一口井，12个月后，这口井的产量将减少70%～75%。因此，你必须继续钻探。"实际上，许多能源行业只是空转，实际产量很少。

几十年前，转换生物燃料被认为是解决这一切的办法。如果我们种植植物并提取乙醇（就像你在伏特加酒瓶中找到酒精一样），我们的能量供应将是源源不断的吗？不会，这种方法无用。我说的话你可能不相信，《国家地理》杂志在几年前就写了这样一句话："一些关于玉米乙醇能量平衡的研究表明，提取乙醇是一个失败的游戏，制造乙醇所需要的化石能源数量与其产生的能源相比，比乙醇所取代的化石燃料需要更多的碳排放。"如果你也考虑到气候变化问题和生物燃料生产商实行的土地清理，情况就更加严峻了。2008年发表在《科学》杂志上的一项研究得出结论："清理土地来种植生物燃料所产生的碳排放比使用燃料所排放的碳还要多。"

我们现在正处于一个奇怪的境地，我们实际上还有大量的化石能源资源。尽管廉价且易于开采的原油和天然气时代已经结束，但仍有煤炭可以持续开采几百年。问题是，我们不能把它拿出来烧了，因为如果我们这样做了，就会有污染环境的危害。因此，回到1972年，我们经济增长的主要限制因素不仅是缺乏廉价资源，还在于"排放"的极限——地球吸收我们污染物的能力，它们包括二氧化碳、氮氧化物、甲烷气体、颗粒物以及你拥有的一切东西。

金属和其他资源也越来越难获得。采矿业就像石油勘探一样，该行业总是首先追求低垂的果实——即所谓的"最佳第一"原则。现在，我们不得不越来越深入地挖掘品质较差的矿石，却花费越来越多的资本，才能有同样的收获。

有一个概念叫"石油峰值"，即到达峰值后，全球石油生产不能再增加了。换句话说，在达到石油峰值之后，即使是我们现在使用的非常昂贵且低EROI的原油产量也会开始走低，我们也会逐渐进入终端下降时期。海因贝格看着石油以外的铜和铁以及镍、铅、锌、稀土元素、铬、金、镉、锡、铀、磷等，得出结论："也许，说人类正处在达到顶峰的过程中，并不夸张。"

是的，我知道你会说什么：目前铜价正在下跌呀，而且储量有很多，实际上是需求不足！没错，但这就像说"全球变暖没有发生，因为我们有一个寒冷的冬天"一样。这就把天气与气候、短期市场波动与长期的社会和经济趋势混淆了。

我们稍后将回到目前经济需求不足的问题。在此我们可以得出这样的结论：我们在地球上的资源是有限的。不能在有限的空间中无限地扩张。因此，对前面问题的简短回答就是：是的，我们能增长多少是有限制的。问题是，这些限制会是什么样子？我们应如何处理这些限制，或者至少适应这些限制？

越来越多的怀疑者

首先，请允许我重申一个重要结论，该结论构成本章其余部分的基础："我们所知道的经济增长已经结束了。"

这不是我说的，海因贝格在《增长的终结》里说了这句话，但我同意这句话。我掌握的数据越多，就越同意。如果你客观地看待今天的形势，从各方面研究现实情况，这就是你唯一能得出的结论。

但人们不喜欢它。我们的议院议员们也不喜欢；事实上，他们不得不否认这一点，因为如果他们不这样做，他们就不会在选举中坚持很长时间了。商务人士也不喜欢它；要想继续经营企业或在企业中工作，你必须表现出无限的乐观。没有人愿意和一个尖酸刻薄的反对者做生意——这是他们在商学院学到的第一件事。

幸运的是，我不为任何人工作，也不竞选公职，所以我可以把我所看到的事情都说出来。而我看到的是一个已经达到人类和人造资本承载能力极限的星球。而我并不是唯一一个这样想的人，许多著名的学者和研究人员也得出了同样的结论。世界已经饱和。事实上，这是赫尔曼·戴利于2005年发表在《科学美国人》上的一篇文章"全世界的经济学"的标题中使用的一个表达。戴利是可持续发展经济学的先驱，这是他早期写的一本书《超越增长》（1996年）的主题，其中他创造了"非经济增长"这一短语。在他关于一个完整世界的论文中，他回到了这个观点："有证据表明美国可能已经进入了非经济增长阶段。"增长的负效用现在超过了效用。

在戴利看来，随着经济的发展，其边际效用越来越小，而边际负效用却越来越大。一个赚100美元的穷人是非常快乐的；一个百万富翁不会从额外的100美元收入中获得同样的边际收益。因此，对于较高的发展水平，增长的边际效用较低。同时，负面影响也越来越大。如果你把一棵树做成一张桌子，你就把自然资本转化成了人造资本，如果你真的非常需要一张新桌子，那就很好了。但同时也存在着负面影响：不仅消耗了大量的人力，还包括树木在提供氧气和遮阳方面的生态服务的丧失，以及它的审美价值。你工作的时间越来越长，砍伐的树木越来越多，然后把它们做成越来越多的桌子，最后堆在仓库里，这个经济过程变得越来越无用且具破坏性。在某种程度上，负效用超过了效用——戴利得出结论认为美国正处于这种状态下。

除了工业生产造成的资源枯竭的负效用之外，还有大气、土地以及水资源的污染。不单美国，世界上大多数国家可能都是如此。

谁是受益者？

经济学的传统观点认为国际贸易是好的。我将不会讨论这一复杂问题。自从大卫·李嘉图（David Ricardo）时代以来，人们就讨论过这一问题——他是第一个描述"比较优势"的人，据说国际贸易对每个人都有利，即使是对那些生产效率不高的国家也是如此。

不过，戴利对此并不同意。他指出，比较优势的神奇之处只有在资本留在每个贸易国内部的世界里才起作用，我们早已过了那一阶段。事实上，戴利认为，我们今天的大部分贸易都起着相反的作用，对可持续发展不利，因为它奖励的是工资最低、环境记录最差的贸易伙伴！工资保持在较低水平，购买力将下降，导致需求不足。戴利指出，随着不平等程度的扩大和收入的进一步集中，"将生产更多的奢侈品，而一般的商品将减少"。"地方和国家社区进一步被削弱。 即使我们称之为自由贸易，它也是一个糟糕的贸易。"

也要考虑所谓的"回旋镖式贸易"。据英国广播公司网站2009年9月25日报道，英国从埃及进口了22000吨土豆，并以另一种方式出口了27000吨土豆。向德国出口了5000吨卫生纸，但又有超过4000吨的卫生纸被买回来。我曾听说在苏格兰捕虾，然后把虾被送到泰国去皮（大概是因为那里的工资较低），然后再运回到苏格兰罐装。在自由贸易的世界里，还有多少这样的案例？在我看来，这似乎是非经济增长。是一种浪费资源、得不偿失的行为。

"'自由贸易'是一种委婉说法"，经济学家约翰·帕金斯（John Perkins）写道，他曾担任世界银行、美国财政部以及私营企业的顾问。"它禁止其他人享受向跨国公司提供的福利。"例如，《北美自由贸易协定》给了受补贴的美国玉米生产商不公平的价格优势，使墨西哥农民失业，因此他们转向贩毒和其他犯罪组织。在索马里地区活动的海盗曾经是渔民，直到他们的村庄"被非法拖网渔船和工业化国家的废物倾倒"所摧毁。帕金斯将我们陷入的社会和环境混乱归咎于受西方政府保护的跨国公司的贪婪以及他所谓的"掠夺性资本主义"。

在世界自然基金会（WWF）的一项著名研究《2014年地球生命力报告》中，该组织得出结论："我们需要1.5个地球来满足我们目前对自然的需求。这意味着我们正在蚕食我们的自然资本，这使我们更难以满足子孙后代的需要。"所以我们并不是不知道发生了什么。有大量的证据表明我们的经济和环境到底发生了什么。

如果所有这些信息对你来说都太多了，那就想想一件事：美国大约有3.2亿人，这还不到世界人口的5%。但以他们的生活方式，他们消耗了地球上大约25%的资源。如果世界上每个人都想像美国人一样生活，按照美国人的消费速度，地球上的资源最多只能支持相当于美国人口数量4倍的人口量——相当于世界人口的20%。那么，剩下80%的人呢？他们就什么都没有了。除此之外，你还必须考虑到，并不是所有的美国人都生活得这么好。该国大片地区的条件并没有超过第三世界国家的标准，而且还有4600万人正在靠食品券度日。世界经济正在成为一场抢椅子游戏。但当音乐停止时，在场的每个人不可能都坐到一把椅子上。

在20世纪50~60年代，有一个短暂的时期，我们认为有一天我们都可以在地球上享受和平繁荣的生活。今天，我们知道这在数学上是不可能的。自那时以来，人口增加了一倍，资源基础也濒临崩溃。自从我出生以来，大约90%的大鱼已经从海洋中被捕捞走了。我们的人造资本比以往任何时候都多，渔船队的规模是需求的4倍，但却没有足够多的鱼让拖网渔船捕捞。仅仅建造更多的渔船不会对我们有所帮助。

犹豫不决

所有这些都让人有些沮丧。你听腻了所有关于热带雨林燃烧和动物灭绝的世界末日报告。大多数人只是通过忽略数据来处理这个问题。和泰坦尼克号上的乘客一样，欣赏音乐，继续跳舞，这很诱人，而下面的主船体却在慢慢进水。当一位乘客在1997年的电影中与船上的总工程师对质，说这艘美丽的巨轮肯定不会沉没时，总工程师回答说："先生，这艘船是用铁制造的。我向你保证，它能沉下去。它会沉的！"而我们也知道，这艘船上没有足够的救生艇供所有乘客使用。

我认为，我们不应该忽视事实，而只是继续跳舞、消费和吞噬地球。但我也不认为我们应该恐慌。我们应该努力了解正在发生的事情，接受事实，然后我们做出调整，保持敏捷和灵活。因为，就像麦嘉华说的，我们不知道未来到底会是什么样子，所以我们需要随着情况的变化而变化，随着我们学到更多的东西，随着我们变得成熟，对我们的进程进行微调。

然而，我所知道的世界领导人都没有在计划或改革我们的社会，为经济萎缩做准备！尽管有明显的迹象表明，"无论是进行规划和有条不紊的改革，还是任其自然走向崩溃，我们的经济注定会萎缩，而不是增长。"（海因伯格）相反，每一天我都会听到领导人发出的信息：我们需要恢复增长。这也不完全是领导人的错，这正是每个人都想听他们说的话。

这通常是通过信贷扩张来完成的。我们降低利率,目前大多数发达国家的利率低于0.5%,甚至是负利率。我们借更多的钱;央行购买更多债券,发放更多信贷。但这只是一个巨大的庞氏骗局。它以自身为食。股息是从新的资本扩张中支付的,而不是从实际收益中支付的,如果你停止发放更多的债务,那么这个计划就会崩溃。然而,它确实使我们能够暂时地消费超出我们能力范围的东西。所以结果是,我们正在一起以信贷的方式摧毁这个地球。

当主流经济学家和政客们谈论恢复经济增长时,他们会不约而同地回避一个问题:经济永远增长是不可能的(就像房间里有头大象,但大家都视而不见)。但这并不意味着我们不能发展。戴利这样说过:"我们必须区分增长(通过同化或物质积累的数量增长)和发展(质量上的提高、潜力的实现)。可持续发展就是没有增长的发展。"用海因伯格的话说:"经济增长的结束不一定意味着我们已经到了人类生活质量改善的终点。我们可以在经济增长的终点生存下来,也许可以生存得更好,但前提是我们认识到它的本来面目并采取相应的行动。"

并不是所有的增长都是好的

你有没有过和我一样的经历,在学校时被告知,美国在20世纪30年代能从经济大萧条中走出来,是因为战争在某种程度上给它的经济增长带来了好处？事实上根本不是这样的。这是典型的"破窗谬论"。

破窗谬论的逻辑是这样的。一个男孩打破了窗户。然后，这就给玻璃安装工人提供了工作。这个男孩的父亲向玻璃安装工支付了费用，然后玻璃安装工人可以把钱花在别的地方……整个过程都有利于经济增长，对吗？错了，新的玻璃是一个被错误地添加到GDP中的重置成本，而事实上并没有为社会带来价值。用来支付新玻璃的钱，原本可以支付给其他人，比如鞋匠，或者应该交给教男孩新的有用技能的导师。因为这个男孩的父亲不得不把钱花在修理玻璃上，他们因此就没能得到报酬。

同样，在战争期间，生产能力被用于破坏和重建，而这些破坏和重建耗尽了宝贵的资源。在经历了所有的破坏和重建之后，这个地方的生活也没有比之前更好；这些资源本来可以用于其他地方。

20世纪40年代，美国从战争中变得更强大，正是因为它没有被战争摧毁；他们令人印象深刻的工厂和富裕的国内消费者在此之后的30年中创造了独特的经济繁荣。我们这些在那个时期长大的人认为世界将永远是这样的，但这并没有持续下去。当1973—1974年的石油危机开始将资金从美国大规模地转移到中东产油国时，美国人坚持自己的生活方式，并开始借钱为其融资。1979年，油价再次上涨了（正如我们在第五章中所看到的那样，又上涨了两倍）。1980年第二季度，当美国经济以每年7.8%的速度萎缩时，吉米·卡特总统鼓励美国人量入为出。他制订了信贷控制措施，并敦促人们将信用卡减少一半。当然，这令他在选民中的声望一落再落，卡特最终成了一位只有一个任期的总统。1980年年底，罗纳德·里根（Ronald Reagan）当选后，债务文化变得制度化，金融放松管制也被制度化，而制造业基础实体经济开始转移到日本，后来又转移到中国。此后，美国的实际工资并没有真正上涨，但资产价格却一直在上涨。

因此，利用我们从破窗谬论中学到的东西，我们需要重新考虑如何衡量和评估经济增长。许多经济学家都在研究这个问题。再看看戴利所说的："化石燃料、矿物、森林和土壤的消耗是资本消耗，这种消耗与GNP的产量（真实收入）没有本质的不同。"而且"我们正在积累的是负资本（而不是财富）。当生产的商品在积累，自然财富在减少，人为疾病在增加的时候，如此漫不经心地谈论'经济增长'是被先入为主的观念误导的错误判断……水槽是有限的。"戴利承认水槽是有限的；我们不能永远把自然资本变成垃圾，然后还指望有源源不断的自然资本可供消耗。

为了更适当地衡量经济发展，戴利建议，我们应该从GDP中减去所有"不反映可供消费的净产品的任何增加而不会最终导致贫困的支出"。他列举了一系列他所谓的"防御性支出"：环境保护活动和损害赔偿的成本，以及城市人口的空间集中度增加的成本；防止犯罪、事故、破坏的支出；交通事故的相关维修和医疗费用；以及吸毒、吸烟和酗酒造成的成本。

戴利还强调，虽然这份清单有点武断，也不是很详尽。但原则很明确：我们应该改变经济增长的计算方式。下次你看到一个国家胜利地宣称它去年经济增长了5%时，要停下来问问自己：为了实现这个数字，它砍了多少棵树？其中又有多少交通事故、火灾、赌博和犯罪？所有的垃圾都去哪儿了？这个增长中，又有多少是非经济性的？

物极必反

中央银行发行的低利信贷，取代了由延期储蓄构成的实际资本，给我们带来了当前经济中供给充足和需求不足的状况。我们正在疯狂地生产，并不断地消耗资源来制造我们已经拥有的东西。你最近去过百货公司吗？每个展柜都摆满了智能电视、智能手机和大量无人购买的小配件。下个月和下一年，新的型号就推出了，旧的型号最终出现在非洲某个沼泽地里，而在那里穷人试图通过回收配件来赚几美元。

同样，我们大约1/3的粮食被浪费了。每年有20亿吨价值7500亿美元的粮食被扔掉。事实上，人们所吃的大部分食品也被浪费了：世界上有21亿人超重或肥胖，高于1980年的8.57亿。牛津大学的Klim McPherson博士说："我们需要减少食品消费，但他想知道：'在竞争激烈的世界里，国际社会采取果断行动的意愿来自哪里，为了公众的健康？……没有任何意愿'"。尽管其他调查发现，减少食物消费有助于减缓气候变化，但对食品的过度消费仍然存在。2009年，伦敦卫生与热带医学院的一项研究表明："在食品消费方面，食物在一个沉重的身体里走动就像在一辆耗油的汽车里开车一样。"这是因为粮食生产是温室气体的主要来源。"我们需要做更多的工作来扭转全球肥胖的趋势，并认识到减肥是减少（碳）排放和减缓气候变化的一个因素。保持苗条对健康和环境都有好处。"报告总结道。但这对经济增长不利，因此大多数政府可能更希望肥胖者多吃点东西，然后进行昂贵的抽脂手术，或偶尔去除多余的脂肪，这对GDP增长更有利。每年英国国营医疗服务机构治疗肥胖症的收入为51亿英镑（77亿美元），但这确实让很多人忙得不可开交。

戴安娜·科伊尔（Diane Coyle）在她的书《足够的经济学》（The Economics of Enough）（2011年）中谈到了其中的一些问题。与海因伯格不同的是，科伊尔认为我们应该成长。她写道："富国需要经济增长，否则就不可能避免债务陷阱。"科伊尔希望庞氏骗局继续进行下去；如果我们现在停下来，债务就太大了。她还引用了调查数据，以证明即使是富人也能从进一步的财富中受益："有很好的证据表明，增长和幸福是联系在一起的。"

应该揭穿这样的假设，即在某种程度上，繁荣有一个饱和点。许多国家试验了各种措施，表明经济增长并不是产生幸福和福利的唯一因素。喜马拉雅山的一个小国不丹，早在1972年就开始声名远扬，当时他们引入了国民幸福总值概念，以表明幸福取决于文化价值观、环境保护、良好的治理和可持续发展等，而不仅仅是GDP数字。1989年，戴利和他的助手约翰·科布设计了可持续经济福利指数，以作为GDP的替代指标。最近，快乐星球指数（Happy Planet Index）试图做一些类似的事情；人类发展指数（Human Development Index）被发展经济学家广泛使用；而真正的进步指数（GPI）则试图通过纳入社会条件和环境成本来提供更全面的发展衡量标准。

然而，在我看来，虽然公众和媒体对这些替代的衡量方法有些兴趣，但它们始终没有登上报纸的头版头条，那里的头条新闻仍然是以冷冰冰、硬性的GDP数字为依据的。上个季度我们是增长了还是萎缩了？这就是人们想知道的。增长的性质或质量似乎并不重要。

新加坡总理李显龙（Lee Hsien Loong），和我所知道的所有政客一样，是支持传统意义上的增长的。正如《海峡时报》2014年10月4日报道的那样，他说："只有增长和繁荣，我们才能心地善良。"意思是，为了帮助社会上不幸的人。"我们都不会不顾社会、人力和环境代价，而追求增长。但我确实担心人们说我们应该放缓增长，因为我们现在很好。他们轻描淡写地谈论生活中更重要的事情。他们不明白我们的幸福感取决于什么，我认为这种观点有强烈的优越感和自满感，因为他们本质上是在告诉别人：'我已经足够富裕了，即使你很穷，你也应该满足于你拥有的一切。'这并非前进的方向。"

这一点是有道理的。现实是，每个人都想要增长。穷人要摆脱贫困，那富人呢？我们以前就已经确定，财富的边际效用随着财富的增加而下降，但是否会降到零呢？根据科伊尔的说法；她相信你对财富的渴求永远没有尽头。尽管她主张更全面地看待财富增长，"非常贫穷的国家的自然资本几乎肯定会受到令人震惊的侵蚀，而且缺乏人力和社会资本，"但她仍然认为，"增长确实使我们更快乐。"她补充说："我认为经济增长……有助于福利的其他重要方面，特别是自由。"

可能是这样。我不会和科伊尔博士争论，她比我受过更好的教育。对我来说，只有一个问题：她并没有就未来的增长方式提出令人信服的理由。

极限是什么样子的?

依我看，我们已越过了极限点，无法再回去了。我们所知道的经济增长（意味着改善我们福利的增长）将陷入停顿，无论我们怎么想，也不管我们做什么。它可能已经存在了。我同意海因伯格的看法，他说："如果全世界听过我们在1972年讲述的观点，今天我们就都不用担心了。"但我们没有听过。我没有，权威人士也没有。事实上，在随后的几年里，1972年的研究被嘲笑为一堆谬论。在这本书出版10周年之际，罗纳德·里根总统公开谴责了这本书。又过了10年，乔治·布什总统在该书出版20周年纪念日时对作者的作品发起了猛烈的抨击。即使在今天，大多数分析师仍然坚持认为，我们只需要恢复增长，一切都会再次好起来。这让我想起了著名的圣雄甘地（Mahatma Gandhi）的一条语录："他们首先是无视你，然后是嘲笑你，接着是打击你，最后你赢了。"我认为丹尼斯·梅多斯和乔根·兰德斯（1972年团队的两位幸存作者）能够认识到这一顺序，就像许多早期的气候变化活动家，比如艾伯特·戈尔，也能识别出这一顺序一样。

因此，如果我们再看看德内拉·梅多斯、乔根·兰德斯、丹尼斯·梅多斯（2004年），他们在计算机模型中使用了10个不同的未来场景。其中9个是假设我们采取了某种预防措施来避免崩溃。我认为我们可以忽略这些——这种情况似乎不太可能发生。这样，留给我们的只有1种假设了，也就是"世界会继续以传统的方式前进，与20世纪所奉行的政策没有任何重大差别"。然后就会发生这样的事情：
"人口和生产不断增长，直到越来越难以获得的不可再生资源阻止了经济的增长。为了维持资源流动，需要更多的投资。最后，其他经济部门缺乏投资资金，这导致工业品和服务的产出下降。随着它们的下降，食品和卫生服务减少，预期寿命缩短，平均死亡率提高。"这就是崩溃的路径。

那么，根据作者的说法，我们还有多长时间？如果一切还是按照传统的方式发展（按2002年的情况），2020年左右工业产值、粮食产量和人类福利指数将开始下降；世界人口将在21世纪中叶开始被迫下降。在更易获得不可再生资源，污染控制技术和资源利用效率技术进步，土地增产等各种情况下，工业生产的下降可以推迟到2040—2050年，人口和人类福利的被迫下降则可以推迟到2070—2080年。无论哪种方式，整体生活水平的下降都是难以避免的。

就像我说的那样，在我看来，这种崩溃已经开始发生了。但这就像2007年12月开始的经济衰退一样，我们可能要很久之后才意识到经济下滑。

这种经济衰退也不会普遍存在。世界上有些地方会在未来很长一段时间内做得很好；它作为一个承载生态系统和全球化社区的整体星球，已经开始崩溃了。就像在抢椅子的游戏中一样，我们中的一些人会有椅子，但有一些人不会再有椅子了。Earthscan在其2002年的《全球环境展望报告》中使用了一个可能被证明是预言性的短语，它将我们的未来描述为"贫穷和绝望的海洋中的一个繁荣岛屿"。

因此，在世界某些地区，崩溃将是突发的和灾难性的。由于环境恶化和人口过剩等问题，2010年12月突尼斯开始了"阿拉伯之春"，这表明一旦粮食价格升高，穷人将无法容忍。托马斯·弗里德曼认为，叙利亚战争一开始是一场环境危机，长期干旱迫使农村人口进入已经人满为患的城市当中，社会问题开始发酵。五角大楼的一份报告证实了这一观点，该报告的结论是：气候变化必须被视为安全威胁。当时，美国国防部长查克·哈格尔（Chuck Hagel）在报告发布会上说："干旱和作物歉收可能会使数百万人得不到生命保障，并引发大规模移民浪潮。"结果是有些预言性的。像"伊斯兰国"（ISIS）等极端组织的崛起也可归因于环境因素。乔治华盛顿大学的马库斯·金博士说："气候变化和缺水可能引发干旱，导致农民搬迁到叙利亚城市，并引发年轻人更容易加入极端组织的局面。"说穿了，就是人太多了，没有足够的资源给他们用，他们也没有什么可做的，只好加入极端组织。

据英国广播公司2015年9月的报道，印度有230万人在申请368个低级政府职位，同时来自非洲、中东以及远在巴基斯坦和孟加拉国的数百万人以徒步或航行的方式非法进入欧洲，以逃避过度拥挤、贫困和相关的社会动荡，你真的不需要拥有社会学博士学位，就能看到有些东西正在失去平衡。

考虑到GDP忽略的大约20个经济和社会方面的因素，可以采用GPI衡量经济活动。和GDP一样，GPI也是用货币来表示的，所以两者很容易比较。然而，与GDP不同，GPI将家务劳动和志愿工作作为一个积极因素，但会扣除自然资本的消耗以及犯罪、事故、吸毒和污染控制等造成的成本。上面的图表汇总了17个国家的GPI数据，并显示了全球总体趋势。

萨斯基娅·萨森（Saskia Sassen），拥有一个社会学博士学位，以及经济学和哲学学位。在她的书《驱逐》（*Expulsions*，2014年）中，她谈到了经济萎缩带来的不平衡影响。她提到了我之前提到的GPI（真实进度指标），并指出，衡量我们发展的这一指标在1978年达到顶峰，"此后一直在缓慢但稳步地下降（图17）。相比之下，自1978年以来，人均国内生产总值一直在稳步增长……这表明社会和环境的负面影响已经超过了货币财富的增长。"难怪有些人觉得我们过去日子过得更好！

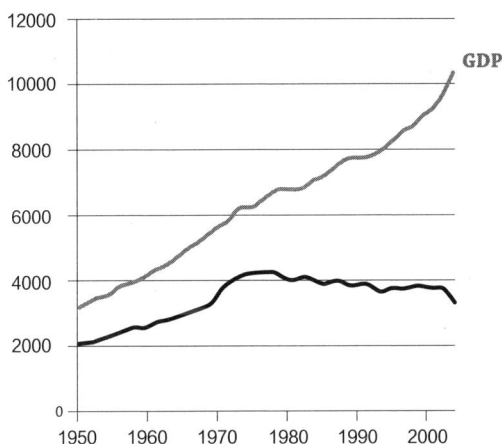

图17　真实发展指数（GPI）和国内生产总值

萨森所记录的增长的负面影响之一，是将我们大部分人口从经济领域驱逐出去。在资源丰富的国家，他们被采矿、伐木和农业公司驱逐出他们的土地；他们漂流到城市，但那里也不需要他们。在富裕国家，被驱逐者是那些受教育程度低、没有家庭财富的人；他们最终失业，进而无法偿还银行的抵押贷款；他们不再被需要，即使是作为消费者。

同样，萨森也观察了被我们"驱逐"的地球部分——不再适合居住的部分，以及河流和其他不再适合饮用的水源。1986年乌克兰的切尔诺贝利核电站倒塌就是一个明显的例子，但全世界还有上百个规模较小的"切尔诺贝利"仍没有引起人们的注意，它们包括受污染的矿区、军事试验场、被废弃的工业遗址，以及贫瘠的农田。

在太平洋，太平洋垃圾带的面积差不多有两个美国得克萨斯州那么大。它是一种不断积累的塑料碎片和化学污泥的浓缩物。如今，多达88%的公海表面含有塑料碎片。为此，乔治亚大学研究这一课题的詹娜·贾贝克教授对彭博社（Bloomberg）说："我们正被我们排放的垃圾所淹没。"其中大部分被碾碎成小块（微塑），并被海洋生物吸收，甚至进入珊瑚微小的胃中。这些无法消化、排泄的塑料物最终将导致海洋生物死于饥饿。我们如何想象通过"恢复增长"来解决这些问题，通过生产更多的塑料和化学物质，并将它们倾倒在我们的水域中吗？难道我们不应该减少塑料的生产吗？

虽然世界上的绝对贫困率是有所下降，但更多的人生活在最低生活水平线上，勉强度日。更多的增长并不总是能解决这个问题。在东南亚，菲律宾一直增长良好，但贫困并没有减少。从账面上看，孟加拉国每年增长6%，但齐奥丁·楚德胡里这样写道："在孟加拉国，我们生活在一个矛盾的社会里。我们有令人印象深刻的统计数据，显示国民收入不断增加，出口稳步上升。这些统计数字没有显示的是我国农村经济的可悲状况、农村青年失业率的上升以及城乡收入差距的不断扩大。"

在新加坡，工作条件当然更好些。但我怀疑建筑业的许多外籍工人条件没有那么好。盖洛普的一项调查显示，只有9%的员工对公司充满热情，并全身心投入工作。盖洛普的经理说："在新加坡，每天都有近200万人在上班，做他们需要做的事，但他们对自己的公司没有感情。"全球各地的人们都在叫嚷着找工作。但也许工作生活并不像它所宣传的那样美好。

越多越好？

不知出于何种原因，我们被告知，如果我们的人越来越多，情况会更好。在新加坡，与大多数国家一样，生孩子是到受鼓励的，并能得到经济补贴。在一个几乎没有失业的孤立的小国，鼓励生育或许是有意义的。但如果你把整个世界看作一个生态系统，鼓励生育并不能带来好处。我不能在这里详细讨论这个复杂的问题，但是我要提到，像其他发展经济学家一样，德布拉吉·瑞（Debraj Ray）在《发展经济学》中详细讨论了这个问题。他说："缺乏养老保险的人选择养儿防老。"但他后来也认为，对整个社会来说，"与生育有关的外部因素通常是负面的"（他的重点）。因此，他总结道："人口增长对经济发展速度有影响。在很大程度上，这种关系被认为是负面的。"这或许就是为什么中国最近做得比印度更好的原因——他们的独生子女政策，经常被西方媒体描述为非常不人道的政策——实际上可以获得回报。

印度尼西亚是地球上最美丽的国家之一。这里到处都是令人叹为观止的热带雨林、高山、珊瑚礁和丰富的生物，它的特有鸟类物种比世界上任何其他国家都要多。它可能是人间天堂，这个国家的一些地方看起来确实像天堂。但这些地区正在迅速缩小；它们现在是一片遭到破坏的海洋中的岛屿，这主要是失控的人口增长造成的。每年有200万新增劳动力加入劳动力市场，而企业正在裁员，社会动荡是一个日益临近的威胁。"如果允许这种情况继续下去，我们得到的将不是人口红利，而是人口灾难。可能会出现社会动荡和犯罪率上升的情况。"印尼雇主协会（Indonesian Employers' Association）主席向路透社（Reuters）表示。

那么，我们总是被告知我们需要更多的人是因为什么呢？因为我们的老人太多了，所以我们需要更多的年轻人来照顾他们。下次你再听到需要更多人的言论时，请表示反对！如果我们有更多的孩子，他们长大后自己也会需要更多的孩子。这何时才有尽头？正如我们所看到的那样，不断扩大人口规模不仅对发展不利，而且对地球尤为不利。要我说，应该让我们的老人照顾好自己。有了积极健康的生活方式，我们大多数人都能保持活力，一直工作到60岁、70岁、80岁或许90岁——至少是兼职。当你老了，你不需要很多钱；你已经买了大部分你需要和想要的东西；你的孩子已经不需要你养活；房子的银行贷款也已还清了。让我们靠自己的积蓄过活，一旦生了大病就平静地死去。年轻一代会为此感谢我们。他们需要空间和资源。

日本人就是这样做的，我认为越来越多的观察家正在采取他们解决人口老龄化问题的方式。丹尼尔·阿尔珀特（Daniel Alpert）是一位投资银行家，著有《供过于求的时代》（2014年）。他关注的问题是债务负担以及如何消除债务负担。他考虑的一个解决办法是移民，但最终他否定了这个方案。从人口的角度来看日本，他写道："不过，令人感到奇怪的是，尽管从经济名义增长的角度来看，日本的情况一点也不乐观，但它确实有着与其他发达国家截然不同的选择。世界上第三大经济体可能会慢慢地消沉下来并萎缩为可以持续富裕的经济体（从生活水平的角度来看）。"

我坚信，我们应该努力地使地球上的人口逐渐减少。我并不是唯一持有这一观点的人。大卫·爱登堡（David Attenborough）（BBC电视台主持人）有两个孩子，但同时他也是一个致力于减少人口的活动家。他在2013年皇家地理学会上说："我毫不怀疑，如果我们有能力限制我们的出生率，那么我们应该考虑这样做。因为我们处于一个资源有限的生存环境——地球。任何一个认为你可以在有限的环境中拥有无限增长的人，要么是疯子，要么是经济学家。"同年，他在接受《广播时报》采访时更加明确地表示："我们是地球上的瘟疫，将在未来50年左右的时间里受到惩罚。不仅仅是气候变化，这个纯粹的空间——为这个庞大的部落种植食物的地方——有自己的极限。要么我们限制人口增长，要么自然界会为我们做这些，而自然界正在为我们做这件事。"说得好，大卫爵士！

与此同时，在繁荣的岛屿上

对于我们这些处于"繁荣岛屿"上的人来说，我们不会受到太大的冲击，但我们感觉到了增长的放缓。这就是我们的极限：停滞和通缩。经济中没有需求，因为我们有"足够的钱"，就像戴安娜·科伊尔在她的书的标题中所说的那样。由于不平等，那些没有足够钱可以花的人，社会便认为他们是多余的——正如萨森所说的，他们被"驱逐"。资源价格和工资停滞不前，只有特定的资产价格因不断扩大的货币供应而膨胀。正如约瑟夫·斯蒂格利茨（Joseph Stiglitz）最直言不讳地指出的那样："宽松的货币政策恢复全球繁荣的可能性为零。"这直接影响到你在经济和其他方面的自由，以及你在未来保持自由的能力。

在《供大于求的时代》一书中，阿尔珀特写道："全球经济面临的核心挑战是劳动力、生产能力和资本的供过于求，而不是对三者的需求。"冷战的结束和随后的全球化带来了廉价劳动力供给的增加；再加上人口的普遍增长，这有助于降低各地的劳动力成本和工资。最近，央行的货币扩张使得资本几乎毫无价值。只是努力工作是没用的。"当问题是供大于求时，更多的供应不是解决方案。"阿尔珀特这样说。

托马斯·皮克蒂在他的畅销书《二十一世纪的资本》（2014年）中的分析使他声名鹊起。和许多经济学家一样，他不仅观察到经济蛋糕的增长不多，还看到各国之间以及各国内部的分配严重不平等。他主张增加对金融业的税收，更好地分配财富。他的这个简单公式让我铭记于心：r>g。皮克蒂的意思是资本回报率超过了我们的整体经济增长率。

这一点得到了许多消息来源的证实。近几十年来，随着我们的生产流程变得更加自动化、更加复杂以及所需资本密集度提高，资本回报率有所提高，但有些国家劳动力的薪酬却没有提高。布拉西、弗里曼和克鲁斯在《纽约时报》上这样说道："尽管生产力不断提高，但大多数美国人的收入却停滞不前，而且不平等加剧导致中产阶级萎缩，这在美国经济史上是前所未有的。资本在国民收入中所占的比例上升，而劳动力在国民收入中所占的比例下降。可悲的是，自20世纪70年代以来，工资停滞不前，经济红利惠及更多民众的想法在公开辩论中基本上不再提及。"

劳伦斯·米歇尔（Lawrence Mishel）写道："在1979年至2014年期间，GDP增长150%，生产率增长75%，但经通胀调整后的工人时薪的中位数仅增长了5.6%，每年不到0.2%。"据推测，生产率提高的成果的其余部分都用来支付资本。"直到20世纪80年代，总收入的70%流向了劳动力收入，30%流向了资本，"达利亚马林（Dalia Marin）写道，他从收入的角度看待国内生产总值。"但是，从那时起，所有富裕国家的劳动力收入所占比例都下降了。现在大约占总收入的58%。"

那么财富去哪儿了？一定是被资本家攫取了——这是阿尔珀特所支持的推定，他写道："在1979年到2007年之间，前1%的富人的收入将增长275%。"

所以这就是我为什么要说r>g让我铭记于心了，你一定要有自己的资本，享受更高的r；不要依赖缩水的g和你可怜的薪水。阿尔珀特指出："如果……价格保持不变……而劳动力、材料和债务资本的投入成本实际下降，猜猜谁能保持差额？"当然是股东、业主、房东和"人才"。事实上，经济学家对这个群体有一个特殊的定义：食利族。"所以帮你自己一个忙：不要把你的资本浪费在消费上，节约你的钱，把你自己变成一个食利族。"

如果你需要更多的理由，那么考虑一下这样一个事实：很多工作都在消失。当然，自从工业革命以来，这种情况就一直在发生，但正如他们所说，这次是不同的。达莉亚·马林（Dalia Marin）指出，这些工作不会再回来了，"越来越智能的机器将减少对先进技能的需求，拥有这些技能的经济优势将因此而下降"。她最后总结说："随着人力资本稀缺的重要性下降，普及教育可能不会帮助我们更好地应对全球化挑战。"

在这种经济环境下，现在连生产率都不再提高。山姆·弗莱明（Sam Fleming）和克里斯·吉尔斯（Chris Giles）写了一篇关于美国的文章："即使美国制造商将生产自动化作为反击海外投资的一部分，整个经济的生产率增长也几乎停滞。"在美国，生产率增长在2005年开始下降，现在每年仅增长0.6%。其他发达国家，包括新加坡，也没什么不同。

经济学家Lim Say Boon这样总结了新加坡的情况："世界正处于通货紧缩时期。包括中国在内的新兴市场不可能成为全球经济的动力。供应过剩，需求不足，经济将受到打击。"我个人认为，我们只是达到了经济或非经济增长的极限。如果经济中的需求以某种方式恢复，资源价格必将再次开始攀升，石油价格将回到140美元/桶等，因此通货膨胀只会吞噬任何经济扩张的好处。借用赫尔曼·戴利的话来说，这就是"全世界的经济学"的样子。

科技会拯救我们吗？

我不认为我们必须保持经济增长，如果经济增长导致人口过剩、有限资源的消耗和环境污染，即使重新开始增长也毫无意义。让我来谈谈在辩论中经常听到的一个观点：科技会拯救我们。

有了技术，我们可以在不使用更多资源的情况下实现增长，即所谓的增长和能源使用的"脱钩"。海因伯格看重这一观点，并发现世界E/GDP（能源占GDP的比例）实际上在1980年至2010年间有所下降；虽然世界名义GDP增长了约6倍（从10万亿美元增至60万亿美元），但世界一次性能源的消费量只翻了不到一番（从280万亿BTU增至500万亿BTU）。然而，当考虑到能源质量以及名义GDP的财务化时，脱钩就不那么重要了。最重要的是，能源使用仍在增长。切换到可再生能源是很好的，但它们的EROI相对较低——太阳能光伏能源（与沥青砂油差不多）的能源利用率低于10∶1，风力涡轮机的能源利用率低于30∶1。风力涡轮机的使用寿命为40年，有时也只有10年。我们又一次在原地奔跑，毫无进展。

在《无增长的繁荣》（*Prosperity Without Growth*）（2011年）中，蒂姆·杰克逊（Tim Jackson）将其中的一章"脱钩神话"的内容放在最后。他承认经济中存在一些相对脱钩；在过去30年左右的时间里，我们用相对较少的能源和其他材料做了更多的事情，尤其是在中国。然而，真正起作用的绝对脱钩并不是在任何地方都能实现的。我们仍然比以往任何时候都消费得更多，污染也更严重。杰克逊的结论是："对于碳排放、资源开采、城市废物产生和物种损失等环境质量的关键指标，'绝对脱钩'根本不存在。作为摆脱增长困境的一种手段，它存在根本的缺陷。"

虽然不可否认技术的伟大，但问题在于，我们现在开发的技术是否有价值？我同情斯蒂芬·埃莫特（Stephen Emmott），他本人也是一名数据处理科学家，他嘲笑说，当我们花了80亿欧元发现希格斯玻色子粒子的时候（为什么？），我们周围的自然世界正在分崩离析。每当我看到一些快乐的航天员在国际空间站漂浮，一边欣赏风景，一边向地球上亲爱的母亲唱一首悲伤的歌，我不禁要问，我们能不能做一些比这更有意义的事呢？更重要的是，在火星消失之前，发现火星上是否曾经有水，或者保护我们在地球上已经拥有的各种各样的生命呢？我知道地球上的人凑不齐100万美元来阻止马来穿山甲或盔犀鸟灭绝——这可能就是空间站上一个马桶座的成本，包括运费。

智能手机的技术进步又如何呢？智能手机被吹捧在很多方面让我们获得了自由。我们在互联网博客和视频分享网站上享受到的互联互通和释放的创造力是前所未有的，而且大部分都是好的。所有这些都在一定程度上抵消了实际工资增长停滞和其他福利下降的影响，如个人空间和环境质量。当你在YouTube上随时随地都能看到美丽干净的海滩时，真正的海滩上却到处都是塑料垃圾和化学物质。随身带着这个小玩意儿，在拥挤不堪的通勤火车上工作，会让人觉得没那么乏味。数字时代为我们的"失重经济"做出了贡献，正如戴安娜·科伊尔和其他人所说的那样，它改善了我们生活的某些方面，尽管它并不总是出现在GDP中。

失重经济是我们现在免费享受的所有东西——比如电影、音乐和报纸——而之前，我们是需要为此支付费用的。还记得20世纪80年代的国际长途直拨电话的成本吗？今天你可以打电话到世界上的任何地方，还可以互相看见对方，这几乎是免费的。但正如我们之前所说的，虽然GDP包含了一些非经济增长因素，但它低估了产生福利的某些方面。产品质量的提高并不能很好地反映在GDP中。今天的冰箱价格与20年前购买的时候的价格相同，但性价比更好，容量更大且更加节能。如今，一辆普通的家庭用车肯定比10年前同样价格的类似家庭用车要复杂、安静得多。还有一部分经济交易根本没有被GDP捕捉到，比如志愿者工作，人们自己做清洁、修剪草坪或DIY的工作。除此之外，还有整个非正规经济部门，在一些机构不完善的国家，这些部门可能对人们的生活产生实质性的好处，但这部分经济活动未反映在GDP中。在欧洲，保加利亚拥有最大的非正规部门，其经济活动产值占GDP的32.2%。估计非正规部门经济活动产值最高的是玻利维亚，在那里，大约66.1%的GDP来自所谓的影子经济。

总之，虽然新经济中的技术、创新和隐性利益可能会在一定程度上起到缓冲作用，但它们并不能把我们从增长的极限中拯救出来。数字中心需要世界各地的数据中心和服务器仓库做支撑，目前它们约占全球温室气体排放量的2%——这一比例与航空相似。"失重"经济毕竟并非完全无重。每年大约产生2000万～5000万吨电子垃圾。最终这些废物中的大部分被填埋，通常是在非洲和亚洲的发展中国家，在那里化学品和重金属会泄漏到环境中。

习惯了就好

说到底，大多数环保科学家和经济学家都觉得他们必须保持乐观。例如，蒂姆·杰克逊在阐述了我们的情况有多糟糕之后，他又提出建议说，如果我们这样做，情况会好很多。他的书有"繁荣——在极限之内""治理促进繁荣"和"向可持续经济过渡"等章节。去看一下吧；他们做了我们真正应该做的事情，比如减少不平等以及工作时间、废除消费主义、把环境放在首位等。而在可预见的未来，我们不会这样做，所以要习惯它。

在《适可而止》（*Enough is Enough*）（2013年）一书中，赫尔曼·戴利的两名年轻学生迪茨和奥尼尔试图提供一个更完整的方法——通过衰退，让我们从非经济增长转向稳定的经济。然而，他们含蓄地承认，我们很可能要经历一场重大危机或某种外部威胁，公众才会接受所需的责任，如减少人口和消费，以及鄙视贪婪而不是美化它。

乔根·兰德斯是1972年《增长的极限》这本书的作者之一，仍然活跃在环境学术界，现在他关于保护环境的幻想已经完全破灭了。他在2015年1月19日向卫报网站描述了当涉及更多的监管和更高的税收时，选民倾向于如何反抗。他在挪威主持了一个委员会，该委员会在2006年提出了一个包含15条内容的计划，用来解决该国的气候问题。该计划可以让挪威在2050年前减少2/3的温室气体排放量，并为其他富裕国家提供借鉴。前提是需要每个挪威人支付250欧元，相当于所得税增加1%。兰德斯说："尽管付出很少，绝大多数挪威人还是反对这个计划。""坦率地说，大多数选民更愿意把这笔钱用于其他地方——比如周末去伦敦或瑞典进行一次购物。"因此，兰德斯认为，斯堪的纳维亚选民对环境没有同情心，企业也没有同情心。"资本主义制度无补于事，"他补充说，"资本主义被精心设计为将资本分配给利润最高的项目。这是我们今天所不需要的。我们需要投资更昂贵的风能和太阳能，而不是投资廉价的煤炭和天然气。资本主义市场不会让自己这样做的。"

世界领导人也面临着这一问题。选民、消费者、企业和广大公众对改善环境的支持根本不存在。我真的认为，大多数领导人都很了解情况。他们知道我们的走向，他们真的想为此做点儿什么。早在2008年，法国总统萨科齐先生就任命约瑟夫·斯蒂格利茨和他的一位学术同事负责一个委员会，重新思考如何评估GDP，这是我们早些时候考虑过的问题。他们给出的报告中建议将人民的福利置于经济生产之上，并将资源的可持续性置于任何增长计划的核心位置。萨科齐说："我们必须改变我们的生活方式、消费方式和生产方式。"

还记得奥巴马总统2009年上任时的"绿色工作"理念吗？但这一理念从未被落实。当时第一太阳能公司的交易价格约为每股190美元；而今天股价约为50美元。与此同时，生产巡航导弹和F-35战斗机等商品的洛克希德马丁公司的股价却从75美元上涨到220美元。绿色工作从未实现过，但开采石油和天然气的工作一直存在。这并不是奥巴马的错，这只是消费者和公众想要的方式。

2008年，新加坡总理李显龙代表亚洲出席了在瑞士达沃斯举行的讨论气候变化问题的世界领导人会议，就环境问题发表了演讲。他强调，东南亚地区充分开发该地区的自然资源（从矿产到木材和林地）的压力。李显龙说："任何人或任何政府都不可能阻止这种情况的发生。"这种推动经济快速增长的做法将意味着更多的污染。"现实地讲，排放量必然会增加……这是人类和经济的现实。"李显龙建议，中国、印度和东南亚许多国家应该逐步取消化石燃料补贴，这导致了过度消费和浪费："如果它们逐步取消这些补贴，它们的经济表现将更好、更环保。"新加坡总理在那次会议上还表示："新加坡应该把可持续发展作为一项全国性的努力。"正如报告中所说，新加坡在那一年成立了一个以"制订一个全面的战略，继续以无害环境的方式发展经济"的部际委员会。

但现实情况却是这样的：政客们只是他们选民意见的代表。当马来西亚和印度尼西亚在这次会议后开始逐步取消化石燃料补贴，几年后人们在街头闹事。此后，东南亚对化石燃料的补贴变化不大：虽然比2012年的峰值有所下降，但仍高于2009年；2014年为360亿美元；该地区每10个国家中就有6个国家提供财政奖励，以燃烧更多的石油、天然气、柴油和煤炭。

李显龙总理说，不可能停止露天开采和森林砍伐，这是大众的需求；只有在没有土地可供其剥夺，没有森林可以供其燃烧的情况下，这才会停止下来。精英们可以举行他们想要的所有峰会和大会，但现实情况不会有变化。与此同时，我们都必须在现实世界中继续生活。

第十一章 那我能做什么？

菲利普·费雪
Phillip Fisher

证券市场充满了知道所有价格，却不知道任何价值的个体。

将自己定位为获胜者

在上一章中，我们看到了世界将变得如何糟糕，而且不可收拾。对此，我认为我们每个人都可以做两件事。（1）我们可以"自私"一些，尽可能地照顾好自己。（2）我们可以通过单独工作和集体工作来监测和了解正在发生的事情，并尽我们的努力给这个世界提供一个可行的未来。我认为应该两者兼顾。

首先，让我们考虑第一点。正如我们所看到的那样，全球经济增长的终点将是不平衡的。你的国家也许正处于经济衰退之中，但并不意味着你个人一定活得不好。你可以接受超过平均水平的良好教育，在其他人苦苦挣扎的时候脱颖而出。你也可以购买一家公司价值飙升的股票，即使在主要指数下跌的情况下。水退船低时要想做好，是比较困难的，但这绝不是不可能的。勇于创造，勇于创新，注重灵活性以及最重要的服务意识。把你赚的钱存起来，以防万一遇到暴风雨的袭击。蒂姆·杰克逊在《无增长的繁荣》中说："最贫穷的人将不可避免地在经济衰退中遭受重创。"所以不要成为最穷的人。安德鲁·马修斯（Andrew Matthews）在《快乐》一书中说："你能为穷人做得最好的一件事，就是不要成为他们中的一员。"对此说法我完全赞同。

同样，也会有一些国家，即使在增长结束时也能够调整自己并取得进展。拥有治理良好、强有力的机构、安全边界和富有远见的领导人的国家仍将占主导地位。其余国家就没那么好了。联合国人道主义事务负责人斯蒂芬·奥布莱恩（Stephen O'Brien）在2015年12月于日内瓦举行的新闻发布会上说："总体情况很糟糕。"世界上的苦难已经多到这一代人所未曾见过的程度。冲突和灾难迫使数百万人挣扎在生存的边缘。预计2016年约有1.25亿人需要人道主义援助。我之前提到过的托马斯·弗里德曼曾这样说过："现在每天，你都会看到一些关于人们从混乱地区逃离到太平之地的报道。现在世界上流离失所的人——约5000万人——比第二次世界大战以来的任何时候都多。但问题是：我们不知道该怎么做。"

相当有趣的是，现在有些地区移民泛滥，比如北欧和斯堪的纳维亚，直到最近，它们都是相当沮丧的国家。就在100多年前，即1870年至19世纪初，约有130万人离开瑞典前往美国，以摆脱贫困和绝望。当然，与现在不同的是，当时世界还不是很完整，移民相当有序，西方国家有大量的土地和资源，在那里斯堪的那维亚人可以安顿下来，建设更美好的生活。而今天，移民们正以一种混乱的方式进入早已人满为患的地区。

就我个人而言，我看不出生活在丹麦或挪威有什么了不起之处，然而这两个国家却一直都在各种幸福调查中名列前茅。这里大部分时间都阴雨连绵，十分寒冷；半年的大部分时间都是黑暗的，另半年又是如此明亮，让你几乎睡不着觉；我想他们在那些调查中没有考虑到天气。地图上显示挪威有很多的土地，但其中的大部分只是贫瘠的岩石，人们只能生活在狭窄的海岸线附近，道路狭窄拥挤，住房和其他一切的成本都很昂贵，税收令人望而却步，下班后除了看电视，几乎没有什么事情可做，只能偶尔去山中徒步。这是我们能想出的最好的通往幸福的途径吗？

很明显，这是与治理有关的。关于挪威，我记得20世纪70年代，当时在北海的海底发现了石油。当时的领土界线有点模糊。挪威、英国、丹麦、德国和荷兰都希望自己能在大陆架上获得尽可能多的石油资源份额。这是一个潜在的火药桶，但相关国家很快通过国际仲裁找到了解决方案。这是实现长期繁荣和幸福的途径。

所以我要传达的信息是，为自己找一个具有良好管理的家园。在这样的地方，你将更有可能在未来的风暴中顺利渡过难关。约翰·肯尼迪有一句名言："在阳光明媚的日子里修好屋顶。"保护你的资本，投资于价值——这将成为你在有限的世界中获得个人自由和有意义生活的门票。

大局

接下来我们看看第二点，就是大局。别把你的脑袋埋在沙子里，抬头看看现实吧。试着理解为什么你的工资上涨不多。如果你还在做着一些不被社会需要的工作，你怎么能期望加薪呢？试着了解更广泛的经济正在发生着哪些事情，这样你的经济状况才可能更好。

别再缠着政客们要求更多的补贴、更低的公交票价、更多的福利和养老金了——这行不通。告诉你选出的代表，要对消费、化石燃料和废物进行征税。戴利这样说："为什么要对我们需求更多的东西——就业和收入——征税？为什么不对我们需求更少的东西征税，比如消耗和污染？"即使是像戴安娜·科伊尔这样的温和派也会说："通过对消费征税，特别是高碳消费，抑制消费。"

我很自豪生活在一个由我们控制国家边界的国家，在那里我们对就业征税很少（3/4的新加坡工人根本不缴纳所得税），但我们每年都有一个平衡的预算。这一切都是通过民主共识和定期自由公正的议会选举来完成的。如果这个仅有50岁的小国家能做到这一点，为什么欧洲不能通过高水平的教育和启蒙来做到这一点呢？

在国际关系层面，最好是以友好的方式解决问题。无论有什么争论，都不值得为之战斗。支持调解、和解和法治。不要像非洲那样，1990年至2005年间，非洲的战争使其经济损失了约2840亿美元。这相当于经济增长损失的15%，也相当于同期国际援助的资金数额。只有国际军火贸易从中受益。约95%的卡拉什尼科夫步枪——国际乐施会调查确定的23次地区冲突中的首选武器——来自非洲大陆以外。

我不是一个安全战略专家，但我不认为，只有成为一个安全战略专家之后，才能证明轰炸邻国使其成为一个失败的国家是一项糟糕的政策，就像北约组织自1999年起一直袭击塞尔维亚那样。为实现政权更迭而发起战争是非法的，它们起不到作用，而且我们根本负担不起。看看这些表现相当不错的国家：新加坡、瑞士、瑞典、芬兰、新西兰。它们都是不结盟国家——也许这不是巧合。

战争不仅为社会带来苦难，同时也给地球带来灾难。在2015年联合国大会开幕式上，潘基文秘书长说："全世界继续将数万亿美元浪费在军费开支上。为什么要拿这些钱去毁灭人类和地球呢，难道这要比保护人类和地球更容易吗？"我想我知道这个问题的答案：因为有人就是以这样的方式赚更多的钱的。有些人无论如何都会这样做——那些从提供武器中赚钱的人和那些靠战争之后的重建工作发财的人。但就像我们在破窗谬论中看到的那样，我们必须摆脱这种增长模式。

我们必须尝试一些自工业革命以来人们没有处理过的事情：我们必须应对经济萎缩。而这一次，我们必须在公众同意和要求的情况下，以民主的方式去做。

正如我们在第三章中简要介绍的那样，以前对经济进行强有力指导的尝试，最后都以社会和经济的悲剧和毁灭而告终。在冷战期间的欧洲，罗马尼亚与其他国家决裂，1982年，在齐奥塞斯库领导下，罗马尼亚开始偿还国家的巨额外债。这听起来很值得称赞，对吧？但那是错的。这项政策导致国内物资严重短缺；没有民主控制，政权变得越来越古怪和残暴。因此政府于1989年12月倒闭，国家元首被军队俘虏，被指控犯有种族灭绝罪并破坏罗马尼亚经济。经过持续约一个小时的审判后，齐奥塞斯库和他的妻子一起被处决。这对每个人都是一个教训。自那时起，没有一个欧洲领导人建议偿还他们所有的外债。

早在2008年金融危机之前，彼得·维克多教授在《无增长的管理》一书中就对"在富裕国家，我们把经济增长作为政府的首要经济政策目标"提出了质疑。我们必须将这一新的范式纳入主流思维、日常经济和社会管理当中。基本上我们没有选择的余地，越早过渡到无增长的状态就会越顺利。

毕竟，我们中没有哪个人的收入会永远增长。你可能有一份报酬不错的工作，但也许这份工作风险过高，你会找到另一份薪水较低但总体福利较好的工作。在我们的职业生涯即将结束的时候，我们都在缩小开支；我们赚得更少，花得更少，也许搬进一个更小的家。但这并不意味着我们的情况更糟。事实上，这样我们的生活质量可能会更好。

就一个社会而言，现在我们必须在更大的范围内做到这一点。我们将赚得更少，我们可以减少消费，增加储蓄，这样对环境的危害更低。

大自然对我们曾经都做了些什么？

仅在新加坡，我们就有许多团队致力于可持续发展，比如世界可持续发展工商理事会，其宗旨是制订"可持续发展的商业解决方案"。还有TEEB（商业联盟的生态系统和生物多样性经济学研究），他们将重点放在"让自然的价值可见"，就像他们在自己的网站上所说的那样；其主要目标是将生物多样性和生态系统服务的价值纳入各级决策。当地媒体公司"全球倡议"组织有关负责任的商业实践和可持续发展问题的活动和会议。

我们传统的经济增长方法的一个问题是压缩了自然界大部分物种

的生存空间。这个主题被许多人很好地报道了，与本书主题的关联度不大，所以我不会在这里详细介绍。这个问题可以上升到哲学层面：作为人类，我们是否有消灭其他物种和整个生态系统的道德权利？但即使从纯粹的功利主义和经济的角度来看，这仍是一个问题。

众所周知，大自然在许多无形的方面使我们受益。在《自然原则》（2002年）一书中，理查德·卢夫谈到了其中的许多问题，并通过研究和个人事例，展示了自然如何能够提升精神敏锐性和创造力，促进健康和养生，加强人类之间的关系，并以许多其他方式帮助我们生活得更好、更聪明、更有成效。生态环境的破坏和生物多样性灭绝危机不仅仅是道德问题；还有现实的理由要求我们保持生态平衡、保护我们的生物多样性。

一个令人关心的问题是健康。"通过开采自然资源，人类文明蓬勃发展，但现在由于未来自然生命支持系统的退化，人类健康受到巨大的影响。"这来自15位著名医学学者撰写的2015年报告，发表在同行评议的医学杂志《柳叶刀》上。问题所在就是，当你在经济上成为一个自由的人时，你更希望成为地球上的一个健康的人，以享受这种自由。破坏环境本质上是在破坏你自己的自由前景。

我相信在新加坡以及其他国家，经济学家和学者都在努力寻找以货币形式来表达自然价值的方法。"绿色空间缺乏货币价值，但绝不会降低它们对人们的价值。"《海峡时报》的尤斯顿·奎和尼古拉斯·尼奥写道。他们总结道："经济增长和环境保护的分离是新加坡越来越关注的问题。如果不尝试衡量绿色产品的数量和价值，成本效益分析将是不完整和错误的。"我相信这不仅仅适用于新加坡，也适用于所有发展中国家，在这些国家，自然资本正被人造资本所取代。

一些金融专业人士也对我们以增长之名破坏环境感到担忧。杰里米·格兰瑟姆（Jeremy Grantham）是一位经验丰富的对冲基金经理，早在1990年日本经济泡沫破裂之前就已经在研究经济泡沫了，并且开始相信，我们不受限制地使用化石燃料促进经济增长，已经导致我们陷入了一个巨大的环境和金融泡沫。格兰瑟姆提出的一个发人深省的问题是所谓的"帕斯卡赌注"。布莱斯·帕斯卡（Blaise Pascal）是17世纪的数学家和哲学家，他认为理性的人总是会选择相信上帝。这是因为这场赌博只有两种可能的结果：上帝存在或者不存在。只有当你死了，你才能确切地知道答案。如果上帝真的存在，请相信他，在你活着的时候为他服务的好处是无限的——你会上天堂。下行风险是灾难性的，你会下地狱。如果你死的时候上帝不存在，那么它在某种程度上来说并不重要。格兰瑟姆将这一概率计算方法应用于化石燃料问题，并得出结论：一个理性的人总是把赌注押在保护环境和使用绿色能源替代化石燃料上。这样做的代价相当小，而破坏地球的下行风险十分巨大。

在彭博社的一次采访中，格兰瑟姆提出了两个对我们有利的观点。首先，随着经济的发展，夫妻会选择少生孩子。这是一个公认的人口统计事实，在2010年，当中国逐渐放宽独生子女政策时，却发现许多夫妇自愿只生一胎。如果这一趋势继续下去，格兰瑟姆预见会出现人口的减少；他有根据地说，世界只能持续支撑15亿人口的生活，而不是现在预计的70亿，更不是90亿或100亿。

另一个有利的方面是我们的能源能力。实际上，我们使用的大部分能源将首次变为可再生能源，如太阳能、风能、地热能和水力发电。德国已经有30％的电力来自可再生能源。中国在这个领域的发展很快。仅靠市场是做不到这一点的，因为煤炭仍然是我们拥有的最便宜和最丰富的能源，但也是最脏的能源之一。公共治理是必要的。但我们实际上可以做到这一点：将化石燃料替换为可再生能源。

我意识到，完全的个人自由可能会破坏我们的环境。当我看到不受管制的黄金矿工大肆破坏印度尼西亚和秘鲁的热带雨林时，我意识到不应该有无限的自由。美国政府强制执行的严格的环境标准有时可能显得很严厉——我知道在阿拉斯加等地，许多私人手工采金者对此感到不满——但它肯定可以让布鲁克斯山脉看起来更漂亮，让那里的河流看起来更清澈。如果公共秩序崩溃，就像在20世纪70年代混乱时期的乌干达一样，野生动物种群是第一个受到伤害的群体。所以我们确实需要公共机构，需要立法，需要执法，即使它们有时是一件麻烦的事，而且在追求权力方面会走入极端。

我相信很多个人和组织都在努力解决这个问题——协调个人与集体利益。我知道，这是一种平衡，我们必须不断调整。

其他的选择

既然我们已经确定了我们面临的一些生存危险：不经济的增长、栖息地的破坏、生物多样性的丧失和气候的变化，我们每个人都要为此做些什么。但在自然保护中不存在"一刀切"的方案。

2006年丰田普锐斯面世时，我和妻子买了一辆混合动力汽车。混合动力汽车不会从电网中抽电；它只是通过捕获、储存和再利用行驶中制动和减速过程中通常损失的能量，更有效地利用车辆的电力；车辆停止时，它完全关闭。那时我愿意为了我们的环境而做出一些牺牲，城市交通肯定是这些容易解决的问题之一。我理解为什么有些穷人有时宁愿以环境为代价也要增长和发展。但我无法理解为什么生活在热带城市的人会买一辆巨大的SUV，带着超大的轮子去办公室，或者买一辆载有4.5升发动机的长豪华轿车，这只会造成停车的麻烦。事实证明，这辆混合动力汽车比我们以前拥有的耗油2升的福特蒙迪欧更快、更安静、更宽敞而且更便宜！然而，10年后，新加坡使用混合动力汽车的驾驶员还不到所有汽车驾驶员的2%。我明白了乔根·兰德斯为什么因为大众的消费习惯而沮丧地拉扯着他的头发！

但后来，我几乎每天都吃肉。我们的许多环保主义朋友指出，这是你对环境做得最糟糕的一件事情。肉类生产耗用的资源比素食大得多，这甚至没有考虑到与肉类相关的伦理和健康问题。我以前经常开快车到处跑，小学的时候喜欢把鸟关在笼子里，小时候我甚至猎杀动物。我在石油公司工作。我坐着飞机去世界各地，进行毫无意义的观光旅行。我并不为此感到骄傲。对我来说，这只能说明人们有能力改变。如果你超过40岁的时候，仍然开着一辆性能车毫无意义地到处跑，或者拍摄大型动物，也许你应该研究客观世界面临的现状，重新调整你的喜好。

世界上，有数以百万计的人正在尝试非常规的发展和成功之路。

我想到的是印度赤脚学院、拉斐尔·科雷亚总统对厄瓜多尔的替代发展计划等。有数百项这样的倡议正在进行，有的来自基层，有的得到非政府组织或政府的支持，有的甚至得到商业公司的支持。

数字革命促进了这一切。全球互联网络有助于实现更加共享和更加节约的经济。汽车共享服务（像Uber）、房屋共享（如Airbnb）、绕过商业银行的人人贷——在我看来，所有这些都将缓冲经济和中产阶级因资源而苦苦挣扎的影响。DIY硬件包、免费烹饪教学视频、在线外语课程等，将越来越方便地让你用更少的钱做更多的事。这正是纳维·拉朱和杰迪普·普拉布（Navi Radjou and Jaideep Prabhu）的新书的副标题，《节俭创新：如何用更少的钱做更多的事情》（*Frugal Innovation: How to Do More with Less*）。有机会的话，你可以看看这本书。

"消费降级"正在取得进展。蒂姆·杰克逊在《无增长的繁荣》一书中指出，83%的澳大利亚人认为社会过于物质化，这是令人震惊的；28%的美国人采取了一些措施来简化他们的生活；62%的人表示愿意这样做；在欧洲也发现了类似的调查结果。杰克逊的结论是，"自愿减少消费，可以改善主观幸福感——与传统完全相反的模式"。所以，下次当你听到"购物到腿软"或"购物疗法"这样可爱的话时，请停下来思考：购物和吃饭真的对你有治疗作用吗？还是你只是被广告和消费行业操纵，借钱买不需要的东西？这难道不是在扰乱你的生活，破坏环境吗？

在新加坡，马凯硕（Kishore Mahbubani）让自己成为一个没有汽车的社会的发言人。他在《海峡时报》上写道："当我们崇拜像汽车一样的物质商品时，我们会永远不开心。别人的车总会比我们的更好。幸福不是来自拥有最昂贵的汽车，而是来自拥有更有意义和目的的生活。"马凯硕说得已经很好了，但他接着又引用了伯特兰·罗素的话："正是对财产的关注，高于对其他任何事情，才使我们无法自由和高尚地生活。"

在决定你的财富自由程度的数学方程式中，有两个变量。一个是你的收入，也就是你的资本回报，另一个是你的支出。还记得前一章的皮克蒂公式吗？我的公式是：$F=R-E$。你的自由就是你的资本减去开支的回报。控制你的消费冲动，降低你的E价值，这样你离经济自由就更近了。

用你的钱包去投票

我不想批评民主，因为经验向我们表明，社会中的民主控制对于避免专制、腐败和苦难至关重要。但让我们面对现实吧，作为选民，我们每4年左右才会行使一次权利。许多人（像我这样）不能在他们居住的国家投票，也不能在他们出生的国家投票，因为他们不在那里。即使投票，要想以自己手中的一票决定两位候选人的输赢，也基本不可能，所以事实上，作为一个公民，你的投票并没有产生太大的直接影响。

但作为消费者，你几乎每天都在投票。每次买东西，你都会投一票，这个投票对事件和事态发展有直接而重要的影响。你在超市购物时可能会阅读所需产品的标签，然后有意识地避开含有玉米糖浆、转基因成分的产品。如果你从有机食品区购买食品或者为了野餐购买可降解餐盘，而不是塑料餐具，那么你的这些举动都将有助于这类产品的总需求的增长。

再进一步研究这个概念，你还可以参加社交媒体上的公共宣传活动，对那些有不良行为的企业施加压力。2015年，苏门答腊岛和婆罗洲种植园火灾，引发的新加坡"年度"阴霾最终给公众造成恶劣影响时，消费者的抵制促使一些连锁超市将来自涉嫌助燃火灾的企业生产的纸制品从货架上撤走。

当消费者改变时，企业也会改变。这不是我说的，而是有史以来最大的资本家说的。在伯克希尔哈撒韦公司（Berkshire Hathaway）的年度股东大会上——就是被沃伦·巴菲特（Warren Buffett）称为"资本家的伍德斯托克（Woodstock）音乐节"的大会，4万人聚集在大会上庆祝这家成功的投资公司及其亿万富翁创始人——会议议程上的首要议题不是环境可持续发展，而是利润。然而，在2015年的年度股东大会上，有人就伯克希尔在可口可乐（CocaCola）等销售高糖产品的公司中持有股份提出了一个对抗性问题。据一项发表在*Circulation*杂志上的调查，含糖饮料可能会造成严重的健康损害，在全球范围内每年可导致高达184000人的死亡。巴菲特的回答是："公司可以随着消费者口味的变化而变化。"

所以当你改变了你的消费模式，大企业和世界也会随着你的改变而改变。这是你握在手中的真正力量。

我知道有力量在牵绊你。烟草公司劝你吸烟，然后你就被迷住了，停不下来。制药公司建议你吃一些流行的药丸，但这些药丸只会让你越来越弱，从而你就需要越来越多的流行药丸，因而陷入恶性循环。"通过对超加工食品和饮料的积极营销，跨国公司现在成为全球慢性病（如心脏病、癌症和糖尿病）日益增加的主要推动者。"2013年发表在《柳叶刀》上的一份全球分析报告说，他们是通过与卫生专业人员、慈善机构和卫生机构"建立一种金融与机构关系"，以扭曲研究结果，游说政治家反对卫生改革来实现的。因此，作为一个消费者，这种现实状况可能会对你不利。但这并不能免除你的责任。赌博、烟草、酒水和垃圾食品生意可能是操纵性的，他们的产品很容易上瘾，但这并不意味着你没有责任。你有选择说"不"的权利，然后戒掉这些坏习惯。就这么办吧！

在环境保护方面，有时候事情并不像表面看上去的那样。例如，你是否知道电动汽车的污染程度比传统汽车更多？世界自然基金会于2009年在德国进行的一项研究得出结论：一辆用燃煤电厂供电的电动汽车比传统的大众高尔夫球场释放的二氧化碳要多出33％。还有其他几份报告也证实了这一点，其中包括挪威理工大学（Norwegian University of Science and Technology）发表在《工业生态学杂志》（*Journal of Industrial Ecology*）上的一份报告。研究小组观察了传统汽车和电动汽车的生命周期影响，得出结论："电动汽车的污染可能远远超过汽油或柴油动力汽车。电动汽车工厂也会比传统的汽车工厂排放更多的有毒废物。"2012年的报告说："在以化石燃料为主要能源的地区，电动汽车没有任何好处，甚至可能造成更多的伤害。"要对环境保护有利，需要让电动汽车使用可再生能源，如太阳能或风力发电场。

同样，表面看上去回收再利用也是好的，对吗？其实，并不总是这样。你肯定知道这句宣传语：减少（Reduce）、再利用（Reuse）和再循环（Recycle）。这听起来不错，但关于最后一个词，你如何去做就很重要了。"'回收'被认为是良性的，但有证据表明，这一过程往往是昂贵且无效的。"《纽约时报》的一篇文章说。垃圾的冲洗、分类和再处理本身就需要耗能，总体收益却可能很小。在我看来，这需要更好地研究。但我凭直觉认为，在三个"R"中，第一个"R"是最重要的，也就是减少（Reduce）！少花钱，从源头上阻止浪费。如果必须使用，则重复使用。如果你愿意的话，可以购买或接手优质的二手物品。彻底丢弃和回收利用应该是最后的手段。

一个让你做得更好的投资指南

如果作为一个消费者，你有责任拒绝购买那些公然破坏环境的公司的产品，那么作为一个投资者呢？这些公司的行为可能没有那么透明（谁拥有什么？），但同样的原则仍然存在。

为地球的枯竭出一份力是毫无意义的，这只会进一步破坏你自己未来的自由——经济自由以及其他自由。不过，就像你选择的生活方式一样，这也是一个高度主观的问题，我认为没有一种模式会适合所有的人。但我还是要敦促你们记住这些问题。

下面让我们快速整理一下术语；有很多不同的表达方式。

可持续发展（Sustainable development）

这可能是最容易被误解的术语。如果你听赫尔曼·戴利的话，它就是指非经济增长的发展；所有其他的发展对它来说都是不可持续的。但这一概念通常被定义为不消耗有限自然资本的发展，目前其自然资本的消耗速度超过了补充（可再生资源）或替代（不可再生资源）的速度。在实践中，这句话在商务会议上被模糊地使用，其含义包括经济发展和增长，并在一定程度上考虑到自然环境。

可持续投资/金融（Sustainable investing/finance）

官方定义是这样的："通过长期可持续的金融模型、产品和市场创造经济和社会价值的实践。"因此，定义使用了应该定义的词，等于没有定义。

社会责任投资（Socially responsible investing/Sustainable and responsible investing（SRI））

也许你会对SRI有两种不同的说法感到困惑，最初SRI是指前者，但现在越来越倾向于后者。不管怎样，无论哪种方式，这都是一种投资策略，旨在从更广泛的意义上考虑经济回报以及社会后果。实行SRI的个人或机构基金将对投资项目进行筛选，即选择既能赚钱，又能改善环境或社区的项目，并回避其他项目。负面审查通常包括审查公司是否涉及酒精、烟草、赌博、色情制品、动物试验以及军事装备，特别是核武器和地雷。拥有这些业务的公司的股票都是所谓的"罪恶的股票"。SRI还寻找拥有坚实的劳动权利、平等就业机会和良好人权记录的公司。

责任投资（Responsible investing）

联合国在其责任投资原则（PRI）中使用了这一术语，即负责任投资的原则。这是政府官方版的SRI。机构投资经理可以在网上注册完成对其所在基金的PRI认证，事实上，全球已经有一半的投资经理完成了该项认证。

道德投资（Ethical investing）

这实际上是SRI的另一个提法。积极筛选出包括可再生能源公司或有机食品生产商；通常所有武器生产商和军事承包商，以及伐木和采矿公司都被剔除出去，最近越来越多的煤炭、石油和天然气生产商也被剔除了出去。道德基金还将投资作为一种获得影响力的工具，即利用股东身份推动公司内部变革，以改善其在环境和社会治理方面的记录。

绿色投资（Green investing）

一种面向特定类型企业的SRI类型，只有"绿色"公司才会被筛选出来。这通常只涉及从事以下领域的公司：风能、太阳能、水、燃料电池、废物管理、污染控制和有机农业。绿色投资战略和基金的记录有好有坏。由于很少有老牌绿色公司能稳定地赚钱，所以，这些基金最终往往会投资于不稳定的初创企业和未经验证的商业模式，故失败率很高。我在2008年买了一本杰克·乌尔德里奇的《绿色投资》的书，现在我偶尔还会拿出来翻一翻。这其中有一个很好的教训就是：乌尔德里奇当时推荐的大多数绿色公司的股价都低于2008年的估值；还有一些公司已经破产了。这不是告诉你说，你不应该去尝试那些绿色投资，只是对你说，要谨慎投资。

影响力投资（Impact investing）

这个概念稍有不同，通常适用于私募股权经理和风险资本家。影响力投资者会选择他们认为会对环境或社区产生积极影响的项目和创业企业，并通过购买公司的股份实现这些目标。

社会投资（Social investing）

这是最终的行善投资政策。与影响力投资的不同之处是，在影响力投资中，你愿意承担高风险去追求投资回报。而在社会投资方面，你并不真正期望获得经济收益。你投资于社区和人民，以改善他们的条件；任何经济利益都是次要的，你甚至愿意承受损失。

环境、社会和公司治理（ESG）

这是SRI中使用的一个关键概念；在投资决策中采用道德标准时，对这3个领域的评估是对公司进行排名的关键。

企业社会责任（CSR）

这可能是自1960年以来使用得最广泛的措施。很少有公司不会签署这个协议——哪家公司希望在社会上留下不负责任的印象？它涵盖了从透明的会计实践和监管政策到关闭办公室的灯，确保洗手间里有干净的毛巾等方方面面。它不能说明公司的行为符合道德标准；就连菲利普莫里斯国际（烟草）和诺思罗普格鲁曼（具有核能力的隐形轰炸机）也有很高的企业社会责任评级。

道德投资的实践

在众多的术语中，让我们来看看道德投资。如果你在谷歌搜索这个术语，会发现很多有用的资源。例如，在Blueandgreentomorrow.

com网站上有一个完整的道德投资基金手册。毕竟，谁想成为不道德的投资者呢？其实，在我看来，我们大多数人都介意！

让我详细说明。道德投资越来越多地成为新闻。根据美国SIF（可持续和责任投资论坛）2014年的一份报告显示，目前在美国专业投资者管理下的6美元中，就有1美元（确切地说，总额为6.57万亿美元）是根据SRI战略投资的。iShares追踪MSCI KLD 400指数的ETF是衡量业绩的一个有效基准。

根据ESG（环境、社会和公司治理）的特点，对这类股票进行了积极筛选。根据我自己的快速计算，这个指数实际上与标普500指数相当吻合。到2015年，2006年的投资将增长约83%；如果你买了标普指数ETF，你的钱就会增长78%。你会通过筛选出罪恶股票来赚更多钱的可能性更大！

这与Goh Eng Yeow 为《海峡时报》撰写的一个故事相矛盾："由于对酒类、烟草和赌博的需求不可阻挡，迄今为止罪恶股票的表现优于其他行业。"Goh Eng Yeow认为，罪恶股票的表现超过其他股票的部分原因是"一些投资者拒绝购买他们的股票，从而人为压低了他们的价格，这一举动反而又让那些不顾忌道德标准的投资者获得了高额回报。"

这一论点可能站不住脚，大多数公司都想购买他们的股票。如果你看看小字部分，Goh Eng Yeow用115年的时间范围来表明他对高于平均水平的回报的看法。正如免责声明所说，这可能是过去表现并不代表未来回报的案例。投资者情绪可能会很快改变，正如我们最近看到的那样，化石燃料股票突然失去了投资者的青睐，许多与煤炭和石油有关的公司市值暴跌。

尽管如此，我还不能认为新加坡以及整个亚洲是道德投资激进主义的温床。多年来，我参加了许多投资博览会、讲座和研讨会，我没有感受到与会者对环境的任何压倒性的关注。事实上，我从未听他们提到过环境问题——一次也没有！甚至有时，主持人会吹嘘自己在烟草股票中狠赚了一大笔钱。股息丰厚，资本收益稳定，还有什么比这更好的呢？

据新加坡国立大学负责组织海岸清理活动的生物多样性高级讲师西瓦索迪（N. Sivasthi）说，他的志愿者团队在海滩上捡到的垃圾有36%是与吸烟有关的。作为一名投资者，我们应该为这些垃圾融资吗？当然不应该，我们必须有其他的方式来投入资本运作和赚钱。

当我开始在北海挪威区的钻机上从事石油工作时，一家名为挪威国家石油公司的政府机构的年轻工程师来看望我们。穿上全新的亮橙色工作服，他们会悄悄盯着我们看，试图弄明白我们在做什么。我的南美同事在谈到挪威国家石油公司的那些家伙时说："他们不知道野生蜂蜜的情况。"好吧，现在看看挪威国家石油公司吧，这是一家成熟的石油公司，本身就在纽约证券交易所上市，市值超过500亿美元。

我在小儿子出生后不久就以他的名义购买了挪威国家石油公司的股票——这些股票对我来说有些情感价值。是的，股票做得相当不错。否则，我会避开化石燃料股票的，不仅仅是因为它们会造成环境破坏以及加速全球变暖。越来越多的机构投资者回避它们，如养老基金和具有SRI政策的大学捐赠基金。就连价值8.6亿美元的基金也在2014年宣布，他们将撤出石化燃料股票。这有点儿讽刺意味，因为洛克菲勒兄弟基金是由标准石油公司（Standard Oil），也就是后来的埃克森美孚公司（ExxonMobil）设立的！

庞大的挪威主权财富基金也陷入了类似的困境。由于管理着8600亿美元，它可能是世界上最大的主权财富基金——这对一个50年前没有多少资本的拥有约500万人口的小国来说还不错。无论如何，挪威人无法真正摆脱石化燃料，因为他们的所有资产都来自挪威近海石油和天然气行业的石油收入和特许权使用费。不过，该基金确实有SRI政策，他们在2015年宣布将努力禁止煤炭投资。挪威议会决定授权该基金逐步撤出50～75家公司，这些公司的煤炭收入占30%以上，估计总额为45亿美元。

道德准则是不断变化的。挪威基金对参与烟草、非法采伐、集束炸弹和核武器的公司进行负面筛查。据报道，新加坡技术工程公司（Singapore Technologies Engineering）也是被排除在外的公司之一，因为该公司生产的杀伤地雷在战争结束后的几十年内，还会给战区带来伤害以及污染。请猜猜谁是新加坡技术工程公司的法人？是新加坡政府。该公司在新交所上市，市值约为100亿新元。淡马锡控股拥有51%的股份，星展银行（另一家与政府有关联的公司）拥有11%的股份。

因此，对一个政府而言是错误的事情，另一个政府可能认为是合理的。它表明，你必须找到自己的道德界限，并在你进一步了解作为地球公民、消费者、投资者和居民的行为后果时，动态地改变它们。

找到你自己的方法

许多大型金融基金，如施罗德、德意志银行、汇丰银行和荷兰银行，都有所谓的气候变化基金出售。然而，当我观察它们的时候，发现它们没有什么意义。施罗德全球气候变化基金（Schroders Global Climate Change Equity Fund）的头号控股公司是亚马逊（Amazon.com）——亚马逊与气候变化有什么关系？德意志银行（Deutsche Bank）的同类产品将西门子公司（Siemens AG）列为其第一大控股公司。西门子公司生产一些风力涡轮机，从其网站上可看到这一声明："西门子扩大油气田设备组合，加强了作为油气客户全球战略合作伙伴的地位。"这就是他们应对全球气候变化的措施。

那些资助这一切的银行怎么样？在新加坡，这两个公共财富基金（GIC和淡马锡控股）中没有一个具有特定的SRI政策，不像前面提到的更大的挪威基金。管理层定期公开声明他们的目标是保护环境。最近，淡马锡董事长林文兴（Lim Boon Heng）这样说："增长不应以牺牲可持续性为代价——保护我们的环境可以而且应该与发展、就业和繁荣同步。"然而，却没有具有约束力的SRI准则。对新加坡来说，保护和增加纳税人的钱是第一位的。

这三家获得充分许可的新加坡银行也没有道德准则。事实上，整个东南亚的金融业在遵守道德准则方面十分落后。世界自然基金会（WWF）于2015年发表的一项研究中强调了这一点，该研究发现

"东盟地区金融机构与国际同行采用的环境、社会和治理（ESG）标准之间存在着惊人的差距"。

报告发布后不久，印尼种植园就发生了火灾，产生的阴霾严重影响了空气质量。同年晚些时候，新加坡银行协会终于出台了一些指导方针，鼓励其成员新加坡银行考虑客户的环境和道德行为。虽然没有约束力，但毕竟是一个开始。当一切合适时，事情总会有改变的可能性。

因此，如果你购买了一只银行股票，那可以相当肯定的就是，你为砍伐森林、露天开采煤炭和全球变暖，都"贡献"了一份力量。如果你买了指数，就像我之前建议你做的那样，在新加坡，你当然可以得到3个当地银行，还有丰益国际有限公司（从事棕榈油和森林砍伐行业）、贵族集团（从事石化燃料和采矿行业）、云顶新加坡（从事赌博行业），当然还有挪威人不想接触的新加坡技术工程公司的股票。

买入标普500指数呢？你将拥有菲利普莫里斯、雷诺兹美国公司（从事烟草行业），弗里波特·麦克莫兰（从事肮脏的采矿行业）、诺斯罗普格鲁曼公司、波音公司、霍尼韦尔公司、德事隆公司、通用动力公司、洛克希德马丁公司、雅各布工程公司、雷神公司（制造核武器和/或集束炸弹）、沃尔玛商店公司（不保护劳工权利）等的股票。这些都是标普500指数成分股，也是被挪威政府列入的排除名单上的股票。

你可能很快就会发现，如果你剔除化石燃料、采矿、伐木或棕榈油等行业的公司，那么你得到的投资机会将不会那么多。

那么，有什么办法呢？在一个完美的世界里，我想把我所有的钱都投资在好公司的股票上。我看了一下SGX，我只能找到少数本地上市公司，如果我把一只积极管理的基金集中起来投资于绿色公司，我会把这些公司包括在内——凯发、上海实业环境控股、联合环境技术（清洁水）、生态智慧和一合环保控股（回收）等，经我计算，符合道德准则的公司的市值约占新交所上市公司总市值的1.7%。一旦你进入胜科和吉宝基础设施信托这样的公司，你面对的是同时从事环境服务以及石化燃料项目的企业集团。如果你去海外，绿色公司的选择显然要大得多。

但这不是一个完美的世界。不能保证这些做好事的公司会赚钱。就像我所说，我们都必须制定自己的个人指导方针，找到一个平衡点。我不能告诉你该怎么做，但我可以告诉你我们自己是怎么做的。在我们的项目中，我们在银行、电信公司以及一些健康公司也有一些股票。至少它们不会造成那么大的伤害。

我也试着找到更好的公司来投资——参与环境服务和清洁能源的公司——但前提是我认为他们能够通过基本分析测试并赚钱，而不仅仅是做好事。我希望我能承担得起纯粹的社会投资，但我做不到。

然而，我很自豪地说，我并不拥有与烟草、森林砍伐、采矿、赌博或武器直接相关的股票。购买这些公司的股票不是必需的。这些公司必须在其他地方找到他们的资本，但他们不会从我这里得到任何资本。

我是这样想的：如果我投资于一家直接参与森林砍伐的公司，我现在赚的每一元钱，在某种意义上来说都是从未来中扣除的，因为每公顷森林的损失肯定会使我们离生态极限更近一步。

正如我们所看到的，达到生态极限的后果十分可怕——我们已经分析了生态极限、环境崩溃和社会动荡之间的关系。你不想最终陷入高度不稳定的局面当中，因为在这种情况下，维护你的经济自由以及生活质量将难上加难。所以，想想你的投资决策所带来的后果吧。你这样做不仅仅是为了地球、社会或人类，你也是为了你自己。

第十二章 享受你的财富自由

富兰克林·罗斯福
Franklin Roosevelt

从真正的意义上来说，自由不是恩赐的，而是通过奋斗得来的。

巨大的脱节

我把本书中最长的一章献给了我们自然世界的有限本质（即第十章）。因为我们这个星球的资源是有限的，这限制了我们能改变它的程度。我引用了经济学家和战略家的话，他们认为，由于这些制约因素，我们自工业革命以来的经济增长不能再继续下去。我同意这一点。我是从作为工人、投资者和公民经济学家的经历中得出这一结论的。在第十一章中，考虑到这些制约因素，我给投资者提供了一些可以做些什么的建议。

但是，你可能还在想，为什么世界其他国家还没有意识到这一点呢？正如我所提到的，大多数分析师和投资者根本不认为环境制约因素是一个经济因素。星展银行首席投资官林哲文在2016年1月的《海峡时报》上写道："世界经济低迷、全球金融危机后背后有许多复杂因素。其中包括高负债、对大宗商品的过度投资、发达经济体不愿忍受结构性改革所带来的痛苦、全球生产率低下和老龄化。这些是无法通过印出更多的廉价钞票和增加债务来解决的。"

这一切都是真的。但和以往一样，他没有提到环境。林哲文的方法在经济和金融领域是典型的手段。然而，环境却是拼图中缺失的部分；没有它，你就无法看到我们经济的全貌。真正的情况是，我们已经耗尽了地球的承载能力。

这里确实存在脱节。这是那些意识到我们的地球正在崩溃的人和那些管理我们经济的人之间的脱节。2014年年底，我参加了马可·兰博蒂尼（Marco Lambertini）博士在新加坡的讲座，当时他刚刚被任命为世界自然基金会国际总干事。大厅里挤满了来自政府、学术界和绿色非政府组织的有影响力的人士。兰博蒂尼博士指出，新加坡作为一个在世界各地享有一流声誉的主权国家，可以在两个领域为更可持续发展的世界经济做出重大贡献：（1）作为一个金融中心，将资本引导到世界经济中的绿色项目中；（2）成为一个鼓励负责任消费的购物目的地。听了他的精彩演讲后，我们不约而同地鼓掌。

有趣的是，在此之前，我刚参加了一个更大的活动，一位金融投资顾问在一个挤满散户投资者的大厅里发表了讲话。那里传递的信息不是如何拯救地球，而是如何赚钱。包括如何发现军备行业的投资机会，因为世界正在成为一个更加暴力的地方，因此武器制造商提供了巨大的回报等。在新加坡，购物者甚至不带自己的包到店里，他们不采购公平贸易的物品，他们只寻找价格最低且最流行的商品。这两次会议之间，寓意深厚的演讲和现实之间的脱节，是显而易见的。我们需要克服这种脱节。

作为一个投资者，你要明白的一点就是，我们已经到了经济增长的终结点，即改善我们福利的增长已经停滞。今天经济中的增长大部分是非经济增长。一些开发商可能会拆掉一栋只有10多年房龄、质量非常好的住宅楼，然后在原址上，再重新建造一栋更新、更高的楼，这就被称为"整体销售"。这一切看起来都像是增长，但住在更小、更贵的新公寓里的人的日子其实并不好过，情况反而更糟糕。GDP上升了，但GPI却在下降。

借鉴专家的意见，我们已经确定，我们正处于由产能过剩和需求不足造成的通缩时期。地球上的人实在是太多了，制造了很多没有人需要的东西。我们被人造的东西、废物、烟雾和垃圾淹没了。通缩和停滞只是其中的一个症状。然而，各国央行并不愿意接受这一点。他们认为需要"恢复增长"，他们试图通过疯狂扩大货币供应来制造通胀。消费者应该为更低的价格而欢欣鼓舞，但相反，调查一再表明，他们只会感觉更糟！除非你承认，由于人口过多和自然环境恶化，我们的经济增长受到了限制，否则你无法理解这些脱节。

你是如何应对的？

这就是为什么你必须具有金融实力，以应对经济增长的终结。我教你如何通过控制开支来做到这一点。我还向你展示了如何使用平衡的投资组合来管理你的储蓄。忘记金融专家每天、每周以及每月的闲谈。从长远的角度来看。再看看第九章，结合起来制订自己的长远计划。

不知道你有没有看过国家地理频道的《末日准备者》节目？如果你没有，在YouTube上可以看一下，那相当有趣。它讲述的是普通美国人如何为世界末日，或是核战争、磁极转移或其他一些会造成社会动荡的突发的灾难性事件做准备。我不太确定是否会发生磁极转移，但我极力建议你们成为"金融世界末日预言家"。所以，不要把枪支、弹药和罐头食品塞满你的地堡，而应储备大量安全的金融资产，以应对风暴的来临。

有一些机构向你承诺，如果你像沃伦·巴菲特那样投资，你很快就会成为百万富翁。他们在报纸和金融网站上做广告，他们在为期两天的研讨会向每位参会者收取数千美元的费用。但事情没有那么简单。巴菲特在2015年失去了11%的财富，他的许多忠实追随者也损失了这一财富。生活是艰难的，你必须要有耐心。在你准备好之前，不要辞掉你的日常工作。

坏消息是，经济增长的终结并不能为你提供特殊的投资机会。未来的绿色经济不可能完全由市场驱动（乔根·兰德斯对此说法并不赞同），它将不得不依靠政府的操纵和补贴。实际上，这使得对清洁能源等方面的投资难以进行评估和预测。

好消息是会有机会。维斯塔斯风力系统是在哥本哈根证券交易所上市的，如果你觉得风力涡轮机是我们的未来，你可以考虑这类股票。看看过去5年的股价图表（图18）。相当惊人，对不对？请注意，股价线将更加陡峭！你以40美元买进，几年后你以400美元卖出。这是一辆多棒的过山车啊。对于这类事情，你需要有过人的勇气，并确保你90%的资金总是安全地投入其他更可靠的金融产品中。

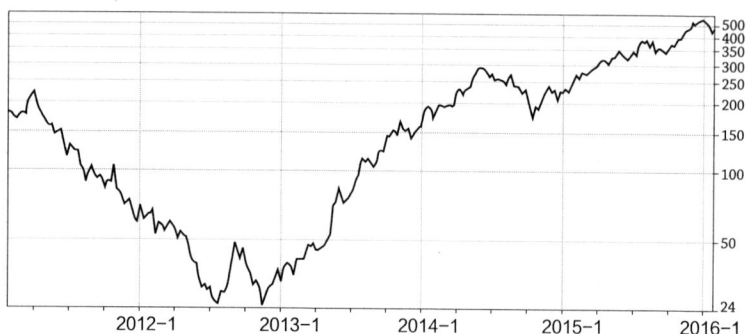

图18　维斯塔斯风力系统近期股价（dkk）

还有什么需要注意的？不要买石油期货。大宗商品是一个不产生价值的东西。记住，真正的财富只能来自工作、资本投入以及劳动和生产力。在商品中只考虑黄金。麦嘉华（Marc Faber）曾公开表示，他将25%的资产保存在黄金中，不是为了获得回报，而是为了防备未来可能发生的经济危机。总的来说，购入那些将来能从我们经济的本质中获益的好公司的股票。我同意理查德·海因伯格在第十章中的说法，他说经济增长的结束并不意味着人类发展的结束。

我们在前几章中介绍了前两次工业革命。第一次工业革命的能源是木材和煤炭产生的蒸汽，第二次工业革命的能源是石油和石油转化的电能。正如我之前提到的，政治家和商界领袖都必须乐观，对事情进行积极的调整；如果他们不这样做，他们就会被解雇。所以你可能听到他们热情地谈论第四次工业革命。万一你错过了第三次工业革命，其大概是20世纪70年代到今天的数字化发展。乐观主义者声称，第四次工业革命将通过机器人技术、人工智能和无线连接彻底改变工业生产和休闲时间。

这听起来可能有点像信口胡说，但请尽量保持开放的心态。参与其中的公司会有一些成为大赢家，但也有很多会出现亏损；如果你不确定哪一个赢利、哪一个亏损，你应该考虑购买一个以技术为基础的ETF基金，而不是试图在这个领域里选择单个公司。毫无疑问，未来的经济将会出现机遇。亚洲以及其他大陆对基础设施发展的需求巨大。把你的资本放在这些领域，你的股票可能会在一段时间内表现得很好。

只是不要忘记制约因素——它们会吞掉一切。找一本《增长的极限》细细研究吧。21世纪将是关键时刻。末日临近——不是世界末日，而是增长的终点。看看工业生产、粮食生产以及之后不久的预期寿命、人口数量和人类福利指数是如何下降的。这将是"新常态"。要确保你已经做好了准备。

你有没有注意到近年来公众对环境问题的争论是如何转变的？我们曾经讨论过解决方案；现在逐渐认识到，没有任何解决方案。2015年在巴黎举行的联合国气候变化会议（第21次缔约方会议)证实了这一点。新的关键词是"复原力"和"适应力"。全球变暖即将到来，现在也无法阻止，因此各国准备制订灵活的应对措施并进行调整。在新加坡，滨海护栏已经到位，以保护市中心免受未来的洪水侵害，我们正在将樟宜海岸公路和尼科尔车道加高一米左右。所以，要为最坏的情况做准备，建立一个金融壁垒以保护你的财富。

记住那句老话：钱不是万能的。有时候你的投资会变坏，而且你无力改变。那么重要的是要有其他的兴趣，其他能让你高兴的有价值的事情。从我所看到的情况来看，拥有很多钱并不总是能让你快乐。

我听说过一些富人，尽管他们很富有，也很成功，但他们吸毒或用枪顶着脑袋自杀。然而，没有足够的钱肯定会让你很不开心。解决这个问题合理的办法是有足够的钱，然后再找到另一种能够获得快乐的生活方式。我赚钱的方法很有成效，然后偶尔会在树林里走很长的路舒展身体。去找到你的方法吧。

我的经历

还记得这本书的第一章吗，我说我33岁时已经退休了，那是在1986年。我真的不知道接下来该做什么，我只知道开采石油的工作已经结束了。那时我已经结婚了，但没有孩子。我持有的债券为我提供了稳定的收入——所以我不必工作。那年夏天，我观看了所有的国际足联世界杯比赛——迭戈·马拉多纳（Diego Maradona）带领阿根廷队赢得了那一年的冠军。但之后，看电视变得有点儿无聊。我从上学的时候就开始有一个爱好：拍摄鸟类的照片。当时很少有人这样做，如今，东南亚有成千上万的野生动物摄影师，其中很多人要比我优秀得多。

我一直认为我们的自然环境很重要，我觉得如果我能向人们展示生物多样性，他们就会开始感激它，并产生保护生物多样性的冲动。与当时相比，现在东南亚人对自然的认识要丰富得多。但这并没有转化为对环境的保护。事实上，情况正好相反。与30年前相比，我们现在的热带雨林、红树林和野地少了很多。我们没有设法将对自然世界的关切和欣赏转化为捍卫和发展自然世界的具体行动。所以在这方面我们失败了。

作为一名野生动物摄影师，我的第一个野外项目是前往巴厘岛调查长冠八哥（学名：Leucopsar rothschildi），目前只有在巴厘岛的巴厘巴拉特国家公园内的普拉帕特阿贡半岛上才能发现这种鸟类的踪迹。在1986—1987年，经过特别许可，我多次前往那里，走遍了整个半岛，研究并弄清它们的数量。有几个印尼护林员陪着我。我想巴厘岛一定是地球上最美丽的地方之一。那时候海滩上没有塑料，只有雪白的沙子。每年12月，山丘背后的季风草原森林是原始的、茂盛的、湿润的，而在6月时，它们还是干燥的、旷阔的。和我一起的护林员在环境和林业部工作；他们当时有很多培训和晋升的机会。在我看来，这群年轻人从事的是世界上最好的工作。一天晚上，他们中的一个问我："当你回新加坡的时候，我可以作为你的司机和你一起去吗？"那时我终于明白了，我们可以尽一切努力去宣传保护自然的活动，而人们真正想要的是在城市里，为了生活，整天在拥堵的交通中开车——这对他们来说才是天堂。

在印度尼西亚，大约有5000名活跃的观鸟者。我的一位老朋友科林特雷诺（Colin Trainor）是一位生态学家，他在这个国家工作了很多年。这个国家总人口大约是2.5亿。不妨想象一下，一个能容纳10万人的足球场，就像伦敦的温布利球场那么大。在一个美好的日子里，观鸟队与开发商队争锋对峙，估计支持观鸟队的只有两个人，而另外99998名观众应该会站在推土机上热情高叫。虽然这只是个假设，但此情此景却在当今世界上真实发生着。

我退休后的生活出了些意外。那是1993年，我的头3个孩子出生后，我回到了丹麦。但我和我的妻子还是在1999年离婚了，这让孩子们很难受，但对于我来说，却是生命中最好的事情。在我46岁的时候，我破产了；我把一切都留在了丹麦，只带着少量的行李回到了新加坡——这就是我所拥有的一切。我得到了一个机会为我现在的妻子Ng Bee Choo工作，虽然我不喜欢欠债，但之后发生的一切，我都要感激她。2002年，我们的第一个孩子，也就是我的第4个孩子马克出生了。

因为对自然、鸟类、摄影和环境有深厚的兴趣，我进入了出版行业。我写了几篇文章，还在我妻子的自然利基私人有限公司（Nature's Niche Pte Ltd.）里担任营销经理。我在2009年拍了最后一张照片，之后不久就卖掉了所有的单反相机设备——整整两个行李袋，里面装满了相机、镜头和配件。我想现在已经有足够多的鸟类照片了，不是吗？搜索谷歌图片，你就会明白我的意思。

然后，我对金融和经济产生了浓厚兴趣。部分原因是我喜欢它——这对我来说是一个相当好的理由——但部分原因是我想了解经济和环境问题是如何联系在一起的。我在2013年出版了我的最后一本有关鸟类的书《世界的犀鸟》，并在不久之后关闭了我的出版公司（Draco Publishing and Distribution Pte Ltd）。在此期间，我通过学习，获得了金融基金经理和顾问的资格。我在2013年和2014年通过了所需的测试；如第四章所述，它们由IBF（银行和金融学院）编写，并由MAS批准。我参加了CMFAS模块中的3、5、6和6A。这是一次很好的经历。IBF运作良好，非常专业且具有组织性。在离开考场的路上，我就收到了我的成绩！

为财务自由而计划

所以现在我又退休了。但我也认为退休生活的美好被夸大了。谁想整天坐在沙发上看电视或YouTube？那不是生活。美国第一代婴儿潮的人（1946—1964年出生的婴儿)这样说："退休了吗？嘿，我还不累呢！"我庆幸很早就发现了这一点。所以我已经忘了退休这回事。然而，在财务上独立，这是一个值得追求的目标。之前提到的戴维·郭（David Kuo），我很喜欢他说的一个词：工资独立。

你不希望自己成为一个月光族，刚领完一份薪水，就盼着下一个发薪水的日子能立马到来。我知道如果你赚钱少，那就很难了。r>g现象将对你不利——我们在第十章中谈到了这一点——但如果你按照第一章中介绍的步骤操作，就可以帮助自己。"人无远虑，必有近忧"。这句话不是我说的，是生活在公元前500年的孔子说的。而400年后，西塞罗也有一句名言："人们难道没有意识到节俭的收获有多大吗？"至少积累一些"我放弃"的钱，将它用于投资，然后从中逐步建立一个"养老金"；管理好它，让它成长。即使你并不需要，也要保持节俭的生活方式。想想毕加索说的话："我想做一个有钱的穷人。"他也正是这样做的。

这个建议在低税收的环境中效果是最好的，在这种环境中，你可以管理自己的钱。以新加坡为例，根据经合组织的计算，总税负为GDP的16%；而在丹麦，这一比例为49%。高税收环境的运营成本通常很高，它从经济的生产部门吸走了资金。在新加坡，低税负使新加坡家庭中位实际收入在2005—2015年中增加了39%；在美国，这一数字在同一时期下降了5%。扣除纳税和转移后，这一比例分别为+37%和−8%。

在低税收的经济环境中，不平等当然会更严重。再看看新加坡和丹麦，两国的基尼系数分别为0.44和0.43——差别不大，对吧？但在税收和转移之后，这是0.37对0.25（较低的比率意味着更平等的收入分配）。但在这项调查中，丹麦的社会流动性很低，收入最低的20%的父母中，其子女只有11.7%达到了收入最高的20%；而在新加坡这一比例是14.3%。

你可以通宵讨论征税的利与弊，我不会在这里讨论。我只是想指出，在西方世界，税收大幅增加，同时经济停滞和金融化也开始于20世纪70年代末的债务文化。当我还是个孩子的时候，丹麦没有零售税，其首次征收是在1967年，税率为9%。如今，这一比例为25%，整个国家将从你身上拿走一半的收入。而这一切都使财富自由变得有点儿困难。

退休金与年金

这些都与你退休之后的生活有关，在一个福利国家，当你年轻时，国家对你工作期间的收入进行征税；国家保留这些税收收入，然后在你年老的时候，给你一些零用钱。在欧洲，这被称为退休金；在美国，被称为社保保障。

这些国家也可能有以公司为基础的养老金计划——在美国和德国等一些国家，这一计划相当庞大。在我看来，这根本行不通。几年前，我在美国公司工作时被扣除了一些退休金。我现在快到"退休年龄"了，但我不知道能在哪里领到钱。我当时工作的公司很久以前就被别的公司收购了，早已不复存在了！所以说这种养老金毫无实际意义。

在新加坡，CPF是一个涵盖所有公民和永久居民的基金养老金制度。你在工作时对自己的收入征税，但你不用同时支付其他人的养老金，而是要有自己的账户。正如我们之前讨论过的那样，你留的钱就是你的钱，你付出的也是你即将得到的，只要加上一点儿利息。如果你离这个国家，那么你就可以立刻收回所有的钱。钱就在那里！

这是管理国家退休福利最高效的方式。它是一个简单而巧妙的安排，并且真的很管用。它是公平、透明和廉价的。为什么世界上其他更古老、更成熟的发达国家不能解决这个问题，这对我来说是一个谜。在大多数发达国家，储户的收入和投资股息都要缴税，因而管理自己的钱变得非常困难。对个人来说，这给自费退休带来了困难；对于国民经济来说，它从没有资金支持的福利计划中为未来债务制造了一枚看不见的定时炸弹。

如果你对管理好自己的退休基金没把握，你可以考虑购买年金。事实上，虽然我之前建议你不要和保险公司合作，但这是我认为你应该考虑的产品之一。这是因为年金是你把赌注押在自己身上，你的寿命越长，你的交易对手——保险公司——出的钱就越多。

不要把你所有的钱都投到一份有保障的年金上，而要把一部分资金投入其中。在新加坡的人很幸运（再次！），国家会为你安排年金，这样你就不用养活保险巨头了。当你年满55岁时，CPF会从你在CPF人寿计划下的特殊账户和普通账户中扣除款项。金额将取决于你账户中的金额，但我建议你提前充值你的特别账户，以确保你能充分受益于这一优秀的计划。然后当你年满65岁时，中央人寿公积金将开始定期按月付款，其金额大小当然会取决于你当初存入的钱，以及当时的普遍条件。这些付款是终身的。

如果你没在新加坡定居，你必须去保险市场购买类似的年金。概念是一样的。你一次性向保险公司付款；然后，他们将保证你一旦达到约定的年龄后，每月都可以领一次钱，这个受益年限是终身的。这很可能会比你自己投资贵一点，但我还是会建议你购买。当然，你应该能够从自己投资的剩余资金中获得更好的回报，但为了防范最坏的情况，比如你的超级安全、多元化投资组合崩溃，年金计划可以让你晚上睡得更好。

在福利国家，孩子长大后不需要照顾父母。而事实上，很多中年人都期望能继承老人的遗产。也许年迈的父母住在一栋可以卖掉的漂亮房子里，或者他们有积蓄和古董收藏品。汇丰银行（HSBC）在2015年公布的一项调查显示，在美国工作年龄的人群中，近一半的人预计会得到一笔遗产，这将成为他们以后生活的保障。在曾经获得或期望获得遗产的人中，约有三成人认为遗产将为他们退休后的生活提供全部或部分资金。然而，同一调查也发现，一般来说，美国老年家庭似乎不太愿意将遗产留给下一代。近1/4的老年人表示，他们更愿意把所有的积蓄都花在享受生活上，让孩子自己创造财富。只有不到1/10的人，计划尽可能地储存大量资金，以便传递给下一代。因此，请注意这种差异。

什么时候实现自由？

这是一个重要的问题。一般来说，当你觉得你有足够的资金来维持你的生命时，你就会感到自由。多少钱才够呢？这将取决于你的生活方式和你预望需要多少钱。下面是我自己编制的另一个公式：$S=Y/R$（或$Y=S×R$）。我觉得它是很有帮助的。S是你退休后所需要的储蓄；Y是你每年所需的储蓄收入；R是你期望从你的储蓄、资金以及退休金中获得的年回报率，如果你愿意投资的话。

假设你预期退休后每月的生活费为3000美元，那么$Y=36000$美元。你认为你可以在回报上与新加坡政府投资公司相匹配，并从你的超级安全投资组合中每年收获6%的回报。那么你的S是多少？$S=36000/0.06=600000$美元。这就是你安全退休所需要的储蓄。

记住两件事。在这个公式中，你花光了你所有的回报；没有用回报再去投资。但请记住，新加坡政府投资机构将其产生的回报的一半用于再投资。如果通货膨胀再次卷土重来，这可能会对你产生长期不利影响。但另一件要记住的事情是，当我说"退休"时，我的意思是成为一个工资独立的人。大多数年轻的人仍然希望退休后保持活跃，为了好玩而工作，即使他们退出了激烈的竞争；所以这将对你有利。

不要为提前离开你所选择的职业而感到难过。事实上，你的离开帮了那些在同一职场的年轻人一个大忙，这会让他们有机会更快地升职。正如我们在前面的一些章节中看到的，由于全球人口过剩，根本没有足够的工作机会。我们还看到，一些观察家已经开始质疑传统经济学中的一个神话，即更多的教育是解决人力资本供大于求问题的答案。但如果教育不是解决这个问题的答案，那答案又是什么呢？就我个人而言，我认为只有减少人口才能解决问题；然后可能更短的工作时间，以及更长的工作间隔期也能起到作用。

几年前，英国智库新经济基金会（New Economics Foundation）提出，减少工作时间将有助于缓解失业。报告指出，虽然失业率很高，但我们的工作时间比30年前更长。将每周工作时间减少到21小时将有助于促进经济增长和提高生活质量。该基金会承认，人们的收入会更低，但他们表示人们将有更多的时间来做有价值的事。报告的合著者安娜·库特对BBC说："我们很多人活着是为了工作，为了挣钱，为了消费而挣钱，我们的消费习惯正在浪费地球的自然资源。减少在有偿工作上的时间，将有助于我们打破这种模式。我们将有更多的时间做更好的父母、更好的公民、更好的照顾者和更好的邻居——压力更小、控制权更多、工作更快乐、更有成效。"

一旦你工资独立之后，就退休，由别人来接手你的日常工作。一旦你不再朝九晚五地工作，你会发现你需要得更少。通勤费是一大笔开支，你还需要购买新衣服；你面临着娱乐和不断升级最新、最昂贵的数码设备的压力。你的健康可能受到压力、睡眠不足与缺乏锻炼的伤害。有了更多的时间，你就可以解决所有的问题，节省更多的钱。

你可以随时去旅行，而不仅仅是在酒店和航班都挤满了人，而且价格也贵得多的节日期间。

如果你想以后重返工作岗位，也不用太担心。工作场所也在发生变化。今后将有更多的兼职工作和项目工作。很多人会发现自己更频繁地跳槽换工作。新加坡管理大学校长阿诺德·德·迈耶（Arnoud de Meyer）教授说："我们需要让学生为延长的职业生涯做好准备，这将不是一系列工作，而很可能是一个职业组合。当前组织中典型的线性发展可能会被另一种生活所取代，在这种生活中，我们有不同的职业，还可能会穿插工作间隔期或休假。"德·迈耶教授没有解释如何为这些间隔期提供资金。我建议你必须有足够的储蓄，或者更好的是保持工资独立。

退休后继续工作

退休后仍工作，是因为你想工作，而不是因为你必须工作。我建议你继续工作。保持工作效率。我妻子名下的一家商店里，之前有一位退休的银行家在此工作了一段时间。这是一个不错的地方，也是美丽的新加坡植物园的一部分。他在自己的投资及其产业出租中，已经赚了很多钱，但他在店里还是很勤奋地当一名收银员，因为他很喜欢这里，并且可以接触很多有趣的人。他是我们最优秀的员工之一。加拿大的一项幸福调查证实了这一点，调查发现，有偿就业是65岁以上人群最满意的活动。

就我个人而言，我认为志愿服务的价值被夸大了。不要做志愿者。要求别人为你所做的事情付款，哪怕只是一个象征性的金额。你热爱你所做的事情，并不意味着你不应该拿工资。例如，如果你当导游，即使你喜欢干，也要收费。记住，外面还有其他人试图以导游的身份谋生，不要夺走他们的生计。

至于消费，我们不必仅仅因为节俭就完全停止。我喜欢英国足球运动员乔治·贝斯特的一句名言。现在很少有人记得他的比赛生涯，但他是有史以来最伟大的球员之一。他谈到自己的生活时说："我花了很多钱在酒精、泡妞与跑车上，其余的都浪费了。"他可能会同情埃罗尔·弗林，他说："我的人生难题就在于平衡花钱习惯跟收入之间的矛盾。"人生只有一次，我们应该可以自由地享受它，只要不打扰到别人，我们可以选择任何生活方式。

继续通过你的消费来"投票"，为自己的未来投资。现在有很多公平贸易和道德产品。《欺骗》（Hoodwinked，2011年）一书的作者约翰·帕金斯说："为那些对社会和环境负责任的公司生产的产品支付更多的费用，是对未来的投资。"帕金斯对沃伦·巴菲特和比尔·盖茨等大亨的慈善事业不太满意。就比尔·盖茨而言，帕金斯说："作为一个年轻的创始人和首席执行官（微软），盖茨曾因残忍地击败竞争对手而声名远播。他的公司面临着数百起集体诉讼和反垄断诉讼；它被欧盟罚款6.13亿美元，这是欧盟监管史上金额最大的一笔罚款。通过不道德的、有时是非法的商业行为，给工人低薪，向客户多收费用，盖茨积累了巨额财富，现在他正在把这些钱捐出去。"帕金斯对此的回应是："为什么不经营一家专注于通过日常运营改善社会和环境条件的公司呢？这更有效率，最终也更令人满意。"

我在第一章有关获得经济独立和个人自由的案例中提到了伊恩·尤因。在他去世之前，伊恩对自己的生活感到很满意，但他向我吐露，如果有机会重来，有一件事他会改善一下："我希望对他人更友善一些。"我觉得伊恩很不错，我觉得我也很不错。但我相信他的生活中有一些事情他没有做好，在生命快结束的时候，成为他唯一的遗憾。通过善良，你不仅让别人的生活变得更好，实际上也帮助了自己。许多研究证实了这一点。大卫·汉密尔顿博士写了一本关于这方面的书《为什么善良对你有好处》，他在书中总结道："科学证据已经证明，善良改变了大脑，影响了心脏和免疫系统，甚至可能是抑郁症的解药。"下次有人试图在车流中切入你的车道时，想想这一点，那就给他让行吧——你会感觉更好，并获得一个更强大的免疫系统！

为什么要写这本书？

我曾担任过《自然观察》的总编辑，该杂志是新加坡自然学会的会员杂志。我在2011年辞职。我的最后一期是2012年1～3月期，我在里面写道："你知道我们今天需要什么吗？理性、道德和称职的财务管理！我想把自己重塑为一个诚实的财务顾问，我知道这对大多数人来说听起来是矛盾的。但你必须把你的目标定得很高，相信你能有所作为。"这篇社论是马歇尔·卡文迪什（Marshall Cavendish）选出来的，最后被写进了一本中学教科书中。我也确实有所改变。现在，也就是4年后的今天，我正在尝试写这本书。

所以你可能会问我：是什么让你有资格写这样的书？我为什么要听你的？我真希望我买了杰克·韦尔奇（Jack Welch）、吉姆·罗杰斯（Jim Rogers）或乔治·索罗斯（George Soros）的书。那些家伙是真正的大亨，他们赚了数百万美元，他们肯定可以教我如何像他们一样变得非常富有。也许他们能，但也许又不能。我认为他们的生活经历不能真正适用于大多数普通的劳动人民。但我的经历可以。

我已经向你们表明，几乎任何人都有可能获得自由的生活。你不需要成为通用电气的董事长兼首席执行官，也不需要拥有价值数十亿美元的对冲基金。你甚至不需要富有的父母或大学教育（尽管不可否认，这可能会有帮助）！

你需要的是学习的欲望，你需要强烈的职业道德。这是一项要求，但还不够。重要的是，你还需要制定纪律来控制你的支出，你需要知道如何保护你以这种方式节省下来的钱，以及如何让它增长。我已经向你展示了如何一步一步地做到这一点。我也一直诚实地说出我在这一过程中犯下的错误：我可能退休得太早了，我多年来没有正确地分散资产，我买了破产公司的股票，我在混乱的离婚过程中失去了一大部分东西。请尽量避免我犯的所有错误，并在第一时间改正错误。

我可以向你保证，一旦你经济上自由并且工资独立，你的生活将是美好的。财富自由是一切的关键。虽然金钱本身并不能给你买到幸福，但它是有意义和有趣生活的先决条件。有了足够的资金和被动收入，你可以在任何你想去的地方旅行和生活，你可以跟随你的心，按照你的兴趣爱好工作。你可以保持工作和生活的平衡；你可以找一份工作，但你再也不必乞求那份工资。

只是，还有一个重要的问题需要考虑：如果世界分崩离析，你是无法享受你的自由的。这就是我为什么我把这本书的两章专门论述了世界的生态极限以及它们对你的财富自由和总体幸福的影响，我试图着眼长远。事实上，现在离生态极限开始影响我们的经济和财务的日期可能并没有太长时间。我所知道的其他每一本书都完全忽视了环境问题。也许除了《繁荣》（*Prosper*，2015年），作者是Martenson和Taggar——他们建议人们转移到偏远地区，并在160英亩的土地上建立一个自我维持的太阳能基地，这对许多人来说可能行不通。其他大多数金融书籍却忽视了自然世界的存在。

我不知道为什么其他金融专业人士看不到这个问题，为什么他们拒绝处理这个问题。如果你遵循他们的"快速致富"咒语和他们肆无忌惮的商业道德，你实际上是在不知不觉中播下自己未来财务困境的种子。如果你的空间、食物、水和电力都用完了，并最终把金钱都花光了，如果你正面临着社区永久拥挤、物资短缺、经济崩溃，然后最终在街头发生骚乱和大规模移民，你怎么可能享受自由和快乐呢？这是在制造恐慌吗？不，这已经是全世界数亿人的日常生活。

所以，请尽快实现工资独立，为未来的困难时期建立经济弹性，然后享受自由。记住，你现在所做的正是改变未来的关键。

词汇表

Accredited investor：合格投资者，在新加坡，MAS对该法定术语的定义为，投资额超过200万新元或年收入超过30万新元的投资者。

AGM：年度股东大会。

Arbitrage：套利，通过在一个市场上低价买入，同时在另一个市场上高价卖出同一产品，实现无风险的利润。

ASEAN：东南亚国家联盟，由该地区10个国家联合成立的经济和政治组织。

Bloomberg Television：彭博电视台，美国24小时金融有线电视频道，覆盖全球3亿多个家庭。

Bretton Woods：布雷顿，美国新罕布什尔州的一个村庄，是1944年召开会议的地点，在此产生了新的货币政策、汇率机制和国际金融机构体系。

Cash：现金，包括纸币和硬币；但在投资中，它与流动性银行存款和短期政府债券等现金等价物是同义词。

CDP：中央存管单位，新交所的子公司，以电子形式存放股份。

CEO：首席执行官，私人公司中最高级的执行官，他（或她）向董事会报告。

CNBC：一个美国24小时有线电视频道，报道财经新闻，并与彭博电视台竞争。

Contrarian investors：逆向投资者，反对主流趋势以及他们所认为的从众心理的投资者，我脑海中立即想到的有麦嘉华、彼得希夫和吉姆罗杰斯等人。

CPF：中央公积金；新加坡公民和永久居民的强制性社会保障储蓄计划。

CPFIS：中央公积金投资计划；允许CPF成员将资金投资于CPF董事会批准的选定产品。

CPI：消费者物价指数，衡量通货膨胀率的指标，核心通货膨胀是从消费者物价指数（CPI）篮子里扣除食品和能源项目。

EROI：能源投入回报；投资的能源回收率，指为达到目的，每消耗一个能源能收到多少单位收益的回报。

ETF：交易型开放式指数基金，一种跟踪指数或资产类别的共同基金,但通常成本较低,流动性较好。

Fiat currency：法定货币，政府规定的，不以黄金等商品为基础的"纸质"货币。

Fiscal policy：财政政策，为促进经济增长和福利而调整公共税收和支出水平的政府政策。

GDP：国内生产总值，衡量国民经济的总产出。

GIC：新加坡政府投资公司；新加坡的主权财富基金投资于新加坡大部分的公共储蓄和养老基金。

Gini coefficient：基尼系数；衡量一个国家收入不平等程度的

指标；比率越高，该国家人口内的收入分配越不平等；0.5及以上被认为是高的，小于0.3是低的。

GNP：国民生产总值，与国内生产总值相似，但仅衡量特定国家的国民产出，无论其总部设在国内还是国外。

GST：商品及服务税，这是新加坡销售税或增值税（目前为7%）所使用的术语。

HDB：新加坡公共住房管理局。

Hedge fund：对冲基金，利用衍生工具增强风险和回报的共同基金，大量的初始投资可能难以赎回。

IRAS：新加坡税务局；税务部门。

iShares：由全球最大的资产管理公司贝莱德推出管理的一系列ETF。

Laissez-faire：一个自由市场经济制度，没有国家以监管或补贴的形式进行干预。

Macroeconomics：宏观经济学，经济学中涉及更大的国家和国际概念的一门学科，如国民收入、贸易、就业、储蓄和利率。

MAS：新加坡金融管理局；新加坡中央银行；实施货币政策，发行货币，监督银行和管理官方外汇储备，以在较低的通货膨胀率下促进经济的持续增长。

Microeconomics：微观经济学，经济学中研究企业和消费者、供求关系,以及价格形成的一门学科。

Mixed economy：混合经济体系，将自由市场资本主义与一些国家干预相结合的经济体系，以调节市场和减少不平等。

Monetary policy：货币政策，中央银行控制货币供应和利率的政策，以促进经济增长和充分就业。

MRT：大众捷运系统，新加坡通勤列车系统。

MSCI：摩根士丹利资本国际公司，一家总部位于纽约的股票市场指数和其他金融分析工具提供商。

Mutual fund：共同基金，由专业经理根据招股说明书中规定的条款，积极管理的集合投资基金。

NASDAQ：纳斯达克，仅次于纽约证券交易所的世界上排名第二的证券交易所，总部设在纽约，许多科技公司在这里上市。

NATO：北大西洋公约组织，由大多数西欧国家以及美国、加拿大和土耳其组成的军事同盟。

NAV：财产净价值，共同基金中所有资产减去负债的价值。除以股数，得到每股资产净值。

NGO：非政府组织，由普通公民设立和资助的非营利组织。

NYSE：纽约证券交易所，美国上市公司的大董事会和迄今为止市值最大的交易所。

OECD：经济合作与发展组织。

OTC：柜台交易，双方在不使用交易所的情况下直接达成的财务交易。

p.a.：每年；通常用于一年内支付或计算的利息或收益率。

PCE：个人消费支出价格指数，一种主要在美国使用的通货膨胀指标。

QE：量化宽松政策，央行购买政府债券从而扩大货币供应的政策，即"印钞"。

S&P 500：标准普尔500指数，追踪在纽约证券交易所和纳斯达克上市的500家大公司的指数，被认为是衡量美国上市公司业绩的最佳指标。

SGX：新加坡交易所，新加坡的上市公司,作为股票、债券、衍生产品和其他证券产品的交易所。

SPDR funds：标准普尔存托凭证，发音同英文单词"蜘蛛"，由State Street发行管理的一系列ETF。

STI：新加坡海峡时报指数，新加坡股市的基准指数，追踪新加坡报业控股、新交所和富时集团计算的30只大型成分股。

Tea Party：茶党，一个由美国共和党保守派支持者组成的非政党团体，提倡降低税收和减少国家干预。

Temasek：淡马锡控股私人有限公司，是一家由新加坡政府全资拥有的投资公司，被视为国家财富基金。

WWF：世界自然基金会，一家致力于生物多样性保护和减少人类对环境影响的国际非政府组织。

本书提及的人士名单

爱德华·艾比（Abbey, Edward P., 1927—1989），美国作家、环境保护主义者。

大卫·爱登堡（Attenborough, David F.），出生于1926年。英国广播公司和作家；以在英国广播公司自然历史部门工作而闻名。

潘基文（Ban, Ki-moon），出生于1944年。韩国外交官和政治家；前联合国秘书长。

乔治·贝斯特（Best, George, 1946—2005），为曼联和北爱尔兰国家队效力的英国足球运动员；在黄金时期为一名伟大的球员，但在后来的岁月里一直与酗酒作斗争。

约翰·布朗（Browne, John P. E.），出生于1948年。英国商人和作者；1995—2007年任英国石油公司首席执行官。

沃伦·巴菲特（Buffett, Warren E.），出生于1930年。美国投资者和慈善家：影响无数其他价值投资者的大师级人物。

乔治·赫伯特·沃克·布什（Bush, George H.W.），出生于1924年。1989—1993年任美国第41任总统（共和党）。

乔治·W. 布什（Bush, George W.），出生于1946年。2001—2009年任美国第43任总统（共和党）。

阿尔贝·加缪（Camus, Albert, 1913—1960），法国作家、哲学家，存在主义文学、"荒诞哲学"的代表人物。

尼古拉·齐奥塞斯库(Ceausescu, Nicolae, 1918—1989)，罗马

尼亚政治家；1967—1989年任共产党总书记兼国家元首。

温斯顿·丘吉尔（Churchill, Winston, 1874—1965），英国政治家；分别于1940—1945年和1951—1955年期间任英国首相。

马库斯·图留斯·西塞罗（Cicero, Marcus T., 前106—前43），在罗马共和国末期任职的有影响力的罗马演说家、作家、哲学家和政治家。

乔治·克鲁尼（Clooney, George T.），出生于1961年。美国演员和电影制片人。

约翰·科布（Cobb, John B.），出生于1925年。美国环境学家、哲学家和作家；与赫尔曼·戴利合作探索生态经济学。

克里斯托弗·哥伦布（Columbus, Christopher, 1451—1506），意大利人，探险家，发现了美洲。

孔子（Confucius, 前551—前479），中国哲学家和教育家；他强调在个人事务和公共事务中的诚实和正义。

拉斐尔·科雷亚（Correa, Rafael），出生于1963年。厄瓜多尔经济学家和政治家；自2007年以来任国家总统。

赫尔曼·戴利（Daly, Herman E.），出生于1938年。美国经济学家，马里兰大学生态经济学教授。

阿尔珀特·爱因斯坦（Einstein, Albert, 1879—1955），德国出生的物理学家和哲学家;以提出广义相对论而闻名。

斯蒂芬·埃莫特（Emmott, Stephen J.），出生于1960年。英国计算机科学家和环保人士；微软研究院、伦敦大学学院和牛津大学教授。

麦嘉华（Faber, Marc），出生于1946年。常驻香港的瑞士投资者，金融分析师和媒体评论员；Marc Faber有限公司的董事，出版了《黑暗、厄运和繁荣》。

唐娜·法戈（Fargo, Donna），1945年出生于伊冯沃恩。美国乡村音乐歌手和歌曲作家。

沃伦·法利（Farley, Warren），澳大利亚油田高管，1980年安排作者搬到新加坡。

菲利普·费雪（Fisher, Philip A., 1907—2004），美国股票投资者和畅销书作家。

埃罗尔·弗林（Flynn, Errol L. T., 1909—1959），澳大利亚出生的演员；在20世纪30年代和40年代成为美国人，并主演了好莱坞电影。

本杰明·富兰克林（Franklin, Benjamin, 1706—1790），美国作家、科学家、政治家和政治家；美国的开国元勋之一。

米尔顿·弗里德曼（Friedman, Milton, 1912—2006），美国经济学家；在芝加哥大学任教；自由市场的倡导者和保守派政治家的顾问，如罗纳德·里根和玛格丽特·撒切尔。

托马斯·弗里德曼（Friedman, Thomas L.），出生于1953年。美国记者和作家，现任《纽约时报》记者，三次获得普利策奖。

约翰·加尔布雷斯（Galbraith, John K., 1908—2006），加拿大裔美国经济学家；20世纪最有影响力的学者和经济政策顾问之一，具有强烈的自由主义倾向。

圣雄甘地（Gandhi, Mahatma, 1869—1948），印度政治领袖；

他发起的非暴力不合作运动，将印度从英国殖民统治下解放出来。

比尔·盖茨（Gates, William H.），出生于1955年。比尔·盖茨是微软的美国联合创始人，也是世界上最富有的人之一。

詹姆斯·科南特（Conant, James B., 1893—1978），美国科学家、学者和外交家；1933—1953年任哈佛大学校长。

艾伯特·戈尔（Gore, Albert A.），出生于1948年。美国政治家和环保人士；1993年至2001年担任副总统。

杰里米·格兰瑟姆（Grantham, Jeremy），出生于1938年。英国投资者和基金经理；分析经济环境中"泡沫"的专家。

艾伦·格林斯潘（Greenspan, Alan），出生于1926年。美国经济学家；1987年至2006年担任美联储主席。

理查德·海因伯格（Heinberg, Richard），出生于1950年。美国记者、作家和华盛顿邮报碳研究所高级研究员。

里克·亨里克森（Henriksen, Henrik L., 1896—1987），丹麦语言学校的校长，热情的丹麦民族主义者，在德国/丹麦边境地区宣扬保守的民主价值观；同时他也是作者的外祖父。

弗兰克·哈伯德（Hubbard, Frank M., 1868—1930），美国作家、幽默作家和插画家。

阿兰·杰克逊（Jackson, Alan E.），出生于1958年。美国乡村音乐歌手兼词曲作者。

蒂姆·杰克逊（Jackson, Tim），出生于1957。英国经济学家和萨里大学可持续发展教授。

斯泰西·约翰逊（Johnson, Stacy），以《金钱谈话》节目闻名的美国金融作家、电视记者。

约翰·肯尼迪（Kennedy, John F., 1917—1963），1961—1963年任美国第35届总统（民主党）；1963年11月22日被暗杀。

罗伯特·F. 肯尼迪（Kennedy, Robert F., 1925—1968），美国政客（民主党）；参议院议员；1968年主要的总统候选人，但他被暗杀。

约翰·梅纳德·凯恩斯（Keynes, John Maynard, 1883—1946），英国经济学家；他的工作构成了凯恩斯经济学的基础，凯恩斯经济学倾向于国家干预以调控宏观经济周期。

马丁·路德·金（King, Martin L. , 1929—1968），美国基督教部长和黑人社区民权领袖。

罗伯特·T. 清崎（Kiyosaki, Robert T.），出生于1947年。美国投资者，励志演说家和作家，以《富爸爸，穷爸爸》一书而闻名。

保罗·克鲁格曼（Krugman, Paul R.），出生于1953年。美国经济学家、作家和凯恩斯主义评论家；普林斯顿大学教授。

戴维·郭（Kuo, David），出生于1956年。英国金融分析师、莫特利富尔金融服务集团评论员。

马可·兰博蒂尼（Lambertini, Marco），出生于1958年。意大利科学家、作家和自然保护主义者;自2014年起担任世界自然基金会总干事。

道格·拉森（Larson, Doug），出生于1926年。美国记者和编辑。

李显龙（Lee, Hsien Loong），出生于1952年。新加坡政治家；自2004年以来担任新加坡总理。

马凯硕（Mahbubani, Kishore），出生于1948年。新加坡前外交官；现任新加坡国立大学LKY公共政策学院院长。

托马斯·马尔萨斯（Malthus, Thomas J., 1766—1834），英国

牧师和经济学家；预测人口过剩将导致经济和社会崩溃，结果有些过早。

迭戈·马拉多纳（Maradona, Diego），出生于1960年。阿根廷足球运动员和历史上最伟大的足球运动员之一；在四次国际足联世界杯上为他的国家效力。

卡尔·马克思（Marx, Karl, 1818—1883），出生在德国，但在巴黎和伦敦工作。经济学家，哲学家和作家；马克思主义的创始人和共产主义的联合创始人。

安德鲁·马修斯（Matthews, Andrew），出生于1957年。澳大利亚自助作家，插画家和公众演说家。

丹尼斯·梅多斯（Meadows, Dennis L.），出生于1942年。美国环境科学家和作家；现任新罕布什尔大学教授。

德内拉·梅多斯（Meadows, Donella H., 1941—2001），美国环境科学家；与她的丈夫丹尼斯及乔根·兰德斯共同撰写了《增长的极限》。

克劳德·莫奈（Monet, Oscar-Claude, 1840—1926），法国印象派画家。

托妮·莫里森（Morrison, Toni），出生于1931年。美国学者和获奖作家。

Ng, Bee Choo，出生于1961年。新加坡自然学家和从事自然有关业务的女商人，前机械工程师，也是作者的现任妻子。

乔治·奥威尔（Orwell, George, 1903—1950），出生在埃里克亚瑟布莱尔；英国小说家；《动物庄园》（1945）的作者。

布莱斯·帕斯卡（Pascal, Blaise, 1623—1662），法国数学家、物理学家、哲学家和作家。

琼尼·派查克（Paycheck, Johnny, 1938—2003），美国乡村歌手。

约翰·帕金斯（Perkins, John），出生于1945年。美国经济学家；前公司顾问，现在是反对资本主义弊病的作家和演说家。

巴勃罗·鲁伊斯·毕加索（Picasso, Pablo, 1881—1973），西班牙画家和雕塑家;他一生的大部分时间都在法国生活和工作。

查尔斯·庞兹（Ponzi, Charles, 1882—1949），在美国出生的意大利商人；给金融诈骗计划起了个名字，你用新的投资者的钱向之前的投资者支付巨额"股息"，直到资金流停止，而投资者失去存款。

迈克尔·波特（Porter, Michael E.），出生于1947年。哈佛商学院美国教授；他以在企业和国家内的竞争力量和战略方面的工作而闻名。

乔根·兰德斯（Randers, Jørgen），出生于1945年。挪威环保主义者和作家；现任BI挪威商学院气候变化教授。

埃迪·兰金（Rankin, Eddie），美国油田发明家和管理人员，1977—1979年期间是作者的老板。是一个值得年轻人拥有的好老板。

罗纳德·里根（Reagan, Ronald W., 1911—2004），1981—1989年任美国第40任总统（共和党）。

大卫·李嘉图（Ricardo, David, 1772—1823），古典学派的英国经济学家，他关于国家间比较优势的研究为自由贸易奠定了理论基础。

雷·里夫金（Rivkin, Rene W., 1944—2005），澳大利亚股票经纪人和投资顾问。

吉姆·罗杰斯（Rogers, James B.）（"吉姆"），出生于1942

年。美国人，新加坡投资者。

富兰克林·罗斯福（Roosevelt, Franklin D., 1882—1945），1933年至1945年任美国第32届总统（民主党）。

伯特兰·阿瑟·威廉·罗素（Russell, Bertrand A.W., 1872—1970），英国贵族、逻辑学家、人道主义哲学家和作家。

保罗·萨缪尔森（Samuelson, Paul A., 1915—2009），美国诺贝尔奖获得者，经济学家和历史上最畅销的经济学著作的作者。

里克·桑泰利（Santelli, Rick），前金融期货交易商；现在的财经记者，在CNBC电视台宣传自由主义、自由市场议程。

萨斯基娅·萨森（Sassen, Saskia），出生于1949年。荷兰裔美国社会学家，哥伦比亚大学教授。

彼得·希夫（Schiff, Peter D.），出生于1963年。美国商人、金融分析师和评论员。

弗兰克·斯库利（Scully, Frank, 1892—1964），美国记者、幽默作家。

莫里斯·桑达克（Sendak, Maurice, 1928—2012），美国作家和插画家；以儿童读物闻名。

阿什利·赛欧（Seow, Ashleigh），出生于1956年。澳大利亚人，新加坡出生，马来西亚籍博物学家；为猫科动物保护联盟工作。

尚达曼（Shanmugaratnam, Tharman），出生于1957年。新加坡政界人士；现任新加坡金融管理局副总理兼主席。

索拉布·辛格（Singal, Saurabh），出生于1969年。印度人，新加坡数学家，计算机程序员和金融基金经理。

西瓦索迪（Sivasothi, N.），出生于1966年。新加坡国立大学理学院生物多样性讲师，新加坡国际海岸清洁协调员。

亚当·斯密（Smith, Adam, 1723—1790），苏格兰经济学家和哲学家，《国富论》的作者，被视为自由市场资本主义之父。

乔治·索罗斯（Soros, George），出生于1930年，亿万富翁、匈牙利裔美国对冲基金所有者、政治活动家、金融评论员和作家。

马克·斯皮茨（Spitz, Mark A.），出生于1950年。美国游泳冠军；1968年至1972年间获得9枚奥运会金牌。

约瑟夫·斯蒂格利茨（Stiglitz, Joseph），出生于1943年，美国经济学家、作家和反垄断评论员；哥伦比亚大学教授。

艾芭·斯特兰奇（Strange, Ebba, 1929—2012），出生在亨里克森。丹麦教师和政治家，1973—1994年被任命为议员，也是作者的母亲。

詹姆斯·托宾（Tobin, James, 1918—2002），具有凯恩斯主义观点的美国经济学家；列举了拟议的金融交易"托宾税"和股市评估中使用的"托宾Q比率"。

唐纳德·特朗普（Trump, Donald），出生于1946年，美国商业大亨、电视名人和总统。

杰克·韦尔奇（Welch, John F.）（"杰克"），出生于1935年。美国超级富豪、商人和作家；通用电气前首席执行官。

参考文献

丹尼尔·阿尔珀特（Alpert, Daniel），2014年出版，《供过于求的时代》（*The Age of Oversupply: Overcoming the Greatest Challenge to the Global Economy*），纽约：企鹅出版集团。

约翰·布朗（Browne, John P. E），2013年出版，《改变世界的7种元素》（*Seven Elements That Have Changed the World*），伦敦：Weidenfeld & Nicolson。

戴安娜·科伊尔（Coyle, Diane），2011年出版，《足够的经济学》（*The Economics of Enough: How to Run the Economy as if the Future Matters*），新泽西：Princeton University Press。

赫尔曼·戴利（Daly, Herman E.），1996年出版，《超越增长：可持续发展经济学》（*Beyond Growth: The Economics of Sustainable Development*），马萨诸塞州：灯塔出版社。

贾雷德·戴蒙德（Diamond, Jared），2011年出版，《崩溃：社会如何选择成败兴亡》（*Collapse: How Societies Choose to Fail or Succeed*），纽约：企鹅出版集团。

迪茨和奥尼尔（Dietz, Rob and Dan O'Neill），2013年出版，《适可而止：在有限资源的世界中构建可持续经济》（*Enough is Enough: Building a Sustainable Economy in a World of Finite*

Resources），旧金山：Berrett-Koehler Publishers.

史蒂芬·埃莫特（Emmott, Stephen），2013年出版，《百亿》（*Ten Billion*），纽约：Vintage Books。

亚当·弗格斯（Fergusson, Adam），2010年出版，《当货币死去：魏玛时期超级通胀的噩梦》（*When money dies: the nightmare of the Weimar hyper-inflation*），伦敦：Old Street Publishing。

约翰·肯尼思·加尔布雷思（Galbraith, John Kenneth），2004年出版，《无罪欺诈的经济学》（*The Economics of Innocent Fraud*），伦敦：企鹅出版集团。

亚历山大·格林（Green, Alexander），2008年出版，《走向财务自由的"钓鱼"投资组合》（*The Gone Fishin' Portfolio*），新泽西：John Wiley。

理查德·海因伯格（Heinberg, Richard），2011年出版，《增长的终结》（*The End of Growth: Adapting to Our New Economic Reality*），加拿大：New Society Publishers。

IBF, 2013a, 模块6研究指南：证券产品和分析，新加坡：银行金融学会。

IBF, 2013b, 模块6a学习指南：证券和期货产品知识，新加坡：银行金融学会。

蒂姆·杰克逊（Jackson, Tim），2009年出版，《无增长的繁荣》（*Prosperity Without Growth: Economics for a Finite Planet*），纽约：Earthscan。

史黛西·约翰逊（Johnson, Stacy），2005年出版，《生命还是债务》(*Life Or Debt*)，纽约：Ballantine Books。

理查德·洛夫（Louv, Richard），2012年出版，《自然法则：虚拟时代，重拾生活》(*The Nature Principle: Reconnecting with Life in a Virtual Age*)，纽约：Workman Publishing。

马滕森、克里斯和亚当·塔格特（Matenson, Chris and Adam Taggart），2015年出版，《繁荣！如何为未来做好准备，创造一个值得继承的世界》，亚利桑那州：Peak Prosperity Books。

德内拉·梅多斯、乔根·兰德斯、丹尼斯·梅多斯，2004年出版，《增长的极限》(*Limits to Growth: The 30-Year Update*)，佛蒙特州：Chelsea Green Publishing。

诺曼·迈尔斯（Myers, Norman），1979年出版，《沉船》(*The Sinking Ark*)，牛津：Pergamon Press。

尼德霍夫、维克多和劳雷尔·肯纳，2003年出版，《投机术》(*Practical Speculation*)，新泽西：John Wiley & Sons。

约翰·帕金斯（Perkins, John），2011年出版，《欺骗》(*Hoodwinked*)，纽约：Random House。

安·佩蒂奥（Pettifor, Ann），2014年出版，《仅仅是钱》(*Just Money*)，伦敦：Commonwealth Publishing。

托马斯·皮凯蒂(Piketty, Thomas)，2014年出版，《21世纪资本论》(*Capital in the Twenty-First Century*)，马萨诸塞州：Howard University Press。

德布拉吉·瑞（Ray, Debraj），1998年出版，《发展经济学》(*Development Economics*)，新泽西：Princeton University Press。

维基·罗宾（Vicki Robin）与乔·多明戈斯（Joe Dominguez），2008年出版，《要钱还是要命》（Your Money Or Your Life），纽约：企鹅出版集团。

克里斯·罗杰斯（Rogers, Chris），2014年出版，《资本主义及其替代品》（*Capitalism and Its Alternatives*），伦敦：Zed Books。

保罗·萨缪尔森（Samuelson, Paul.），1970年出版，《经济学：国际学生版》（*Economics: International Student Edition*），第八版，纽约：McGraw-Hill Book Company。

萨斯基亚·萨森（Sassen, Saskia），2014年出版，《驱逐:全球经济中的野蛮性与复杂性》（*Expulsions: Brutality and Complexity in the Global Economy*），马萨诸塞州：Howard University Press。

约瑟夫·斯蒂格利茨（Stiglitz, Joseph），2002年出版，《全球化及对它的不满》（*Globalization and Its Discontents*），伦敦：企鹅出版集团。

Saw, Swee-Hock，《投资管理》（*Investment Management*），第四版，新加坡：Prentice Hall。

纳西姆·塔勒布（Taleb, Nassim Nicholas），2007年出版，《被随机愚弄》（*Fooled by Randomness*），伦敦：企鹅出版集团。

彼得·维克多（Victor, Peter A.），2008年出版，《无增长的管理》（*Managing Without Growth*），马萨诸塞州：爱德华埃尔加出版社。

名人推荐

　　莫顿·史川奇（1952年出生于丹麦），是经新加坡IBF认证的独立金融分析师。自33岁退休之后，他一直致力于经济金融、写作、摄影和环境保护。

　　"公民经济学家"莫顿·史川奇撰写的《迈向财富自由之路》不仅仅是一本好书，更是汇集了经济学常识和智慧的生活方式，还带给你实现财富自由并能很好地"生活"的方法，就像毕加索说的："我想做一个有钱的穷人。"也许，史川奇不会凭借此书获得诺贝尔奖，但我感谢他带给我一部可读性高、有趣且反对传统的金融著作，它是有意义的。

——麦嘉华博士

金融分析师，国际基金经理，

《股市荣枯及厄运报告》作者